Anotações à Reforma Trabalhista (Lei n. 13.467/2017)

após o fim da MP n. 808/2017

Domingos Sávio Zainaghi
Luis Guilherme Krenek Zainaghi

Anotações à Reforma Trabalhista (Lei n. 13.467/2017)

após o fim da MP n. 808/2017

LTr

LTr EDITORA LTDA.

© Todos os direitos reservados

Rua Jaguaribe, 571
CEP 01224-003
São Paulo, SP — Brasil
Fone (11) 2167-1101
www.ltr.com.br
Junho, 2018

Produção Gráfica e Editoração Eletrônica: R. P. TIEZZI
Projeto de Capa: FABIO GIGLIO
Impressão: BOK2

Versão impressa — LTr 5963.5 — ISBN 978-85-361-9559-9
Versão digital   — LTr 9356.6 — ISBN 978-85-361-9646-6

Dados Internacionais de Catalogação na Publicação (CIP)
(Câmara Brasileira do Livro, SP, Brasil)

Zainaghi, Domingos Sávio

Anotações à reforma trabalhista (Lei n. 13.467/2017) : após o fim da MP n. 808/2017 / Domingos Sávio Zainaghi, Luis Guilherme Krenek Zainaghi. — São Paulo : LTr, 2018.

Bibliografia.

1. Direito do trabalho 2. Direito do trabalho — Brasil 3. Direito do trabalho — Legislação — Brasil 4. Lei n. 13.467, de 2017 — Comentários 5. Reforma constitucional — Brasil I. Zainaghi, Luis Guilherme Krenek. II. Título.

18-12726   CDU-34:331.001.73(81)(094.56)

Índice para catálogo sistemático:

1. Brasil : Reforma trabalhista : Leis : Comentários : Direito do trabalho 34:331.001.73(81)(094.56)

Dedico este trabalho à minha mãe, Guiomar, como forma de homenagem pela garra com que enfrentou as adversidades da vida.

Domingos Sávio Zainaghi

*Dedico esta obra aos meus pais,
Ana Maria e Walter, como forma de agradecimento
pelo apoio incondicional.*

Luis Guilherme Krenek Zainaghi

SUMÁRIO

Apresentação 13

Art. 2º Grupo Empresarial e Solidariedade de Empresas 15

Art. 4º Tempo do Empregado na Empresa 16

Art. 8º Direito comum como fonte do Direito do Trabalho. Restrição à Aplicação da Jurisprudência. Interpretação de Normas Coletivas pela Justiça do Trabalho 18

Art. 10-A. Responsabilidade do Sócio Retirante 19

Arts. 11 e 11-A. Prescrição. Prescrição Intercorrente 20

Arts. 47 e 47-A. A Multa por Falta de Registro de Empregado 23

Art. 58. Horas *In Itinere* 23

Art. 58-A. Trabalho a Tempo Parcial 25

Art. 59. Horas Extras, Banco de Horas e Acordo de Compensação ...26

Arts. 59-A, 59-B e 60. Jornada 12 (de Trabalho) x 36 (de Descanso) 27

Art. 61. Prorrogação de Jornada 31

Art. 62. Trabalhadores sem Direito a Horas Extras 31

Art. 71. Intervalo Intrajornada 33

Arts. 75-A, 75-B, 75-C, 75-D e 75-E. Teletrabalho 34

Art. 134. Férias 36

Arts. 223-A, 223-B, 223-C, 223-D, 223-E, 223-F e 223-G. Dano Extrapatrimonial 37

Art. 394-A. Gestante em Ambiente Insalubre 44

Art. 396. Descanso para Amamentação 46

Art. 442-B. Empregado Autônomo 47

Art. 444. Livre Estipulação 49

Art. 448-A. Sucessão Empresarial 50

Arts. 443 e 452-A, 452-B, 452-C, 452-D, 452-E, 452-F, 452-G e 452-H. Contrato de Trabalho Intermitente 52

Art. 456-A. Uniforme 61

Arts. 457 e 458. Remuneração e Salário 62

Art. 461. Equiparação Salarial 68

Art. 468. Alteração do Contrato de Trabalho 71

Art. 477. Rescisão do Contrato de Trabalho 72

Art. 477-A. Dispensa Coletiva 74

Art. 477-B. Plano de Demissão Voluntária 75

Art. 482. Dispensa por Justa Causa 76

Art. 484-A. Rescisão Contratual por Comum Acordo (Distrato) 77

Art. 507-A. Arbitragem 78

Art. 507-B. Quitação Anual 79

Arts. 510-A, 510-B, 510-C, 510-D e 510-E. Comissão dos Empregados 80

Arts. 545, 578, 579, 582, 583, 587 e 602. Contribuições Sindicais 86

Art. 611-A. Possibilidade de Negociação 89

Art. 611-B. Impossibilidade de Negociação 94

Arts. 614 e 620. Normas Coletivas 97

Art. 634. Multas Administrativas 99

Art. 702. Súmulas 99

Art. 775. Prazos Processuais 101

Arts. 789, 790 e 790-B. Despesas Processuais 102

Art. 791-A. Honorários Advocatícios 105

Arts. 793-A, 793-B, 793-C e 793-D. Dano Processual (Litigância de Má-fé) 112

Art. 800. Exceção de Incompetência 115

Art. 818. Ônus da Prova 116

Art. 840. Reclamação Trabalhista (Petição Inicial) 118

Art. 841. Contestação 119

Arts. 843, 844 e 847. Audiência 120

Art. 855-A. Incidente de Desconsideração da Personalidade Jurídica 124

Arts. 652, 855-B, 855-C, 855-D e 855-E. Homologação de Acordo Extrajudicial 126

Arts. 876, 878, 879, 882, 883-A e 884. Execução dos Processos 128

Arts. 896 e 896-A. Recurso de Revista 132

Art. 899. Depósito Recursal 137

Art. 911-A. (REVOGADO). Contribuições Previdenciárias 139

Art. 819 da CLT. Honorários do Tradutor/Interprete 140

Arts. 4º-A, 4º-C, 5º-A, 5º-C e 5º-D da Lei n. 6.019/1974. Terceirização 141

Art. 20 da Lei n. 8.036/1990. Movimentação do FGTS 147

Art. 28 da Lei n. 8.212/1991. Incidência ao INSS 148

Aplicação da Reforma Trabalhista no Tempo. Art. 2º da MP n. 808/2017 149

Revogações 149

ANEXO

Quadro Comparativo — Lei n. 13.467/2017 e MP n. 808/2017 157

APRESENTAÇÃO

A Consolidação das Leis do Trabalhou sofreu em 2017 sua maior alteração desde seu surgimento em 1943.

Afirmava-se, equivocadamente, que a CLT estava ultrapassada por ser um documento dos anos 40 do século passado. Mesmo não sendo verdade, pois antes mesmo da reforma de 2017, a CLT tinha sofrido mais de 900 alterações, fazia-se necessária uma atualização.

Mas é certo que as alterações da Lei n. 13.467/17 e da Medida Provisória n. 808/17 trouxeram mudanças estruturais na vetusta CLT, mesmo esta última tendo sido revogada, mas que vigeu durante alguns meses.

As alterações foram no Direito Material, tanto individual quanto coletivo e no Processual. Neste reside, ao nosso sentir, as mais impactantes alterações, que quebrarão paradigmas na advocacia trabalhista, que se sentia confortável com décadas de proteção aos reclamantes dentro do processo laboral. Como nós, autores, somos advogados, nos sentimos à vontade para externar nosso entendimento no sentido de que se faziam necessárias tais mudanças, ainda que algumas sejam de constitucionalidade discutível, pois vivíamos uma situação de tudo pedir, e se ganhar ganhou.

Faz-se necessária uma mudança de atitude dos advogados no propor ações e mesmo na defesa de reclamadas. O processo do trabalho chegou à idade adulta, e nova forma de se trabalhar se fará necessária.

Nas relações de Direito Individual muitas mudanças também ocorreram, e os contratos de trabalho ganharão novas formas. Trabalho intermitente e teletrabalho são duas das alterações mais destacadas e polêmicas que a lei trouxe.

No Direito Coletivo, as mais marcantes alterações dizem respeito ao negociado em norma coletiva se sobrepor ao legislado, e à não obrigatoriedade do pagamento da contribuição sindical.

Este nosso trabalho teve por finalidade ser prático e objetivo, para que seja útil aos profissionais do Direito e demais estudiosos das leis trabalhistas, e fonte rápida de consulta para sanar dúvidas.

Mesmo com a revogação da MP n. 808/17, mantivemos o quadro comparativo entre esta e a Lei n. 13.467/17, uma vez que entendemos que poderá ser útil para pesquisa e ao fato de que a MP vigeu por algum tempo.

Nosso propósito foi o de servir.

São Paulo, verão de 2018.

Domingos Sávio Zainaghi
Luis Guilherme Krenek Zainaghi

Art. 2º
Grupo Empresarial e Solidariedade de Empresas

O § 2º da CLT ganhou nova redação, estando assim redigido:

> § 2º Sempre que uma ou mais empresas, tendo, embora, cada uma delas, personalidade jurídica própria, estiverem sob a direção, controle ou administração de outra, ou ainda quando, mesmo guardando cada uma sua autonomia, integrem grupo econômico, serão responsáveis solidariamente pelas obrigações decorrentes da relação de emprego.

Foi incluído no mesmo artigo um novo parágrafo:

> § 3º Não caracteriza grupo econômico a mera identidade de sócios, sendo necessárias, para a configuração do grupo, a demonstração do interesse integrado, a efetiva comunhão de interesses e a atuação conjunta das empresas dele integrantes.

Pois bem. Sempre foi motivo de muita discussão o tema do grupo de empresas.

Importante destacar que o § 2º traz um conceito legal do que deve ser entendido como grupo econômico.

A jurisprudência do Tribunal Superior do Trabalho num primeiro momento dificultava o alcance da responsabilidade das empresas dos grupos empresariais, determinando que todas as empresas participassem da relação processual, o que estava contido na Súmula n. 205, cancelada em 2003, que assim previa:

> O responsável solidário, integrante do grupo econômico, que não participou da relação processual como reclamado e que, portanto, não consta no título executivo judicial como devedor, não pode ser sujeito passivo na execução.

A redação do parágrafo em comento deixa claro que qualquer empresa que esteja sob direção, controle ou administração de outra ou integrem grupo econômico, serão solidariamente responsáveis. Desse modo, o empregado poderá propor ação trabalhista contra sua empregadora ou contra qualquer empresa, e na fase de execução poderá promover a cobrança contra qualquer uma delas.

O § 3º incluído agora traz a chamada responsabilidade subjetiva, quando existir entre as empresas que tenham os mesmos sócios, "a efetiva comunhão de interesses".

Logo, se o sócio participar de empresas que não tenham essa comunhão de interesses, tais empresas não responderão pelas dívidas umas das outras.

Exemplificamos com um açougue que tenha como sócio uma pessoa que é sócia de uma concessionária de veículos. Neste exemplo nenhuma das empresas responderá pelas dívidas da outra, pois para que exista o grupo econômico, não basta a mera identidade de sócios, mas, também que as empresas tenham comunhão de interesses.

◈ ◈ ◈

Art. 4º
Tempo do Empregado na Empresa

O art. 4º da CLT teve revogado seu parágrafo único que datava de 1962, e que estava assim redigido:

> **Art. 4º** [...]
>
> **Parágrafo único.** Computar-se-ão, na contagem de tempo de serviço, para efeito de indenização e estabilidade, os períodos em que o empregado estiver afastado do trabalho prestando serviço militar [...] (VETADO) [...] e por motivo de acidente do trabalho.

A nova lei incluiu dois parágrafos ao art. 4º:

> § 1º Computar-se-ão, na contagem de tempo de serviço, para efeito de indenização e estabilidade, os períodos em que o empregado estiver afastado do trabalho prestando serviço militar e por motivo de acidente do trabalho.
>
> § 2º Por não se considerar tempo à disposição do empregador, não será computado como período extraordinário o que exceder a jornada normal, ainda que ultrapasse o limite de cinco minutos previsto no § 1º do art. 58 desta Consolidação, quando o empregado, por escolha própria, buscar proteção pessoal, em caso de insegurança nas vias públicas ou más condições climáticas, bem como adentrar ou permanecer nas dependências da empresa para exercer atividades particulares, entre outras:
>
> I — práticas religiosas;
>
> II — descanso;

III — lazer;

IV — estudo;

V — alimentação;

VI — atividades de relacionamento social;

VII — higiene pessoal;

VIII — troca de roupa ou uniforme, quando não houver obrigatoriedade de realizar a troca na empresa.

O § 1º reprisa o que previa o revogado parágrafo único.

O legislador foi feliz ao alterar a CLT neste ponto, ou seja, no referente ao tempo em que o empregado fica nas dependências do empregador, mas não à disposição deste. É muito comum nas grandes cidades, os empregados após o expediente ficarem na empresa esperando uma chuva passar, o horário de ir para a faculdade, ou outras circunstâncias como as enumeradas na lei.

Vários foram os casos em que os empregados ficavam nas empresas após o horário por questões particulares e buscavam na Justiça do Trabalho o recebimento de horas extras. Agora esse problema quase não existirá mais, pois a lei traz as circunstâncias nas quais não se considera tempo à disposição do empregador.

Entendemos que o rol da lei é exemplificativo, pois outras situações poderão surgir em que o empregado ficará na empresa, mas não estará aguardando ordens.

Um problema será o relativo ao ônus da prova. Ao nosso sentir, este será do empregador, pois ainda existirá a presunção de que o empregado estará à disposição da empresa quando nesta permanecer.

Importante destacar o inciso VIII, questão tão recorrente nos tribunais, onde os empregados pleiteavam o tempo para trocar de uniforme como à disposição do empregador. A partir de agora a troca de uniforme não mais contará como tempo à disposição, independentemente dos minutos gastos. A única exceção, é se esta deve ser realizada na empresa, hipótese em que estará incluída na jornada de trabalho.

◈ ◈ ◈

Art. 8º
Direito comum como fonte do Direito do Trabalho. Restrição à Aplicação da Jurisprudência. Interpretação de Normas Coletivas pela Justiça do Trabalho

O art. 8º da CLT teve revogado seu parágrafo único, e incluídos dois novos parágrafos.

Art. 8º [...]

§ 1º O direito comum será fonte subsidiária do direito do trabalho.

§ 2º Súmulas e outros enunciados de jurisprudência editados pelo Tribunal Superior do Trabalho e pelos Tribunais Regionais do Trabalho não poderão restringir direitos legalmente previstos nem criar obrigações que não estejam previstas em lei.

§ 3º No exame de convenção coletiva ou acordo coletivo de trabalho, a Justiça do Trabalho analisará exclusivamente a conformidade dos elementos essenciais do negócio jurídico, respeitado o disposto no art. 104 da Lei n. 10.406, de 10 de janeiro de 2002 (Código Civil), e balizará sua atuação pelo princípio da intervenção mínima na autonomia da vontade coletiva.

A redação anterior acrescentava que o direito comum seria aplicado somente quando não fosse incompatível com os princípios fundamentais do Direito do Trabalho.

Com essa nova determinação, ficou mais fácil a aplicação do direito comum na seara trabalhista. Resta saber como se dará referida aplicação, pois os princípios protetivos do Direito do Trabalho não poderão ser simplesmente desprezados.

As súmulas e orientações jurisprudenciais do Tribunal Superior do Trabalho sempre foram norteadoras das decisões da Justiça do Trabalho, sendo que em muitos casos criavam verdadeiras normas supletivas de lacunas axiológicas e ontológicas. Com a mudança, o TST passará a ter um papel menos atuante do ponto de vista normativo, destacando-se apenas sua atuação jurisprudencial.

A inovação contida no § 2º trará uma mudança de comportamento, pois a lei não poderá sofrer tantas interpretações como antes ocorria.

Já a previsão do § 3º traz novidade, pois a análise das normas coletivas se restringirá aos elementos essenciais do negócio jurídico, como previsto no art. 104 do Código Civil:

Art. 104. A validade do negócio jurídico requer:

I — agente capaz;

II — objeto lícito, possível, determinado ou determinável;

III — forma prescrita ou não defesa em lei.

É clara a intenção de reduzir a interferência do judiciário trabalhista nas relações coletivas de trabalho, fazendo com o judiciário apenas análises eventuais de vícios do negócio jurídico, e não o seu conteúdo, destacando o princípio civilista da autonomia da vontade.

◈ ◈ ◈

Art. 10-A
Responsabilidade do Sócio Retirante

Afirma o art. 10 da CLT:

Art. 10. Qualquer alteração na estrutura jurídica da empresa não afetará os direitos adquiridos por seus empregados.

O artigo *supra*, conjugado com a previsão do art. 448 da mesma CLT, sempre foi motivo de muita celeuma na Justiça do Trabalho, sobretudo quanto ao alcance dos sócios retirantes das empresas. Existiu sempre uma grande insegurança jurídica, com decisões alcançando sócios que se retiraram há muitos anos da empresa, e que eram surpreendidos com a constrição de bens ou com a penhora *on-line*.

Agora uma nova diretriz se apresenta para tais situações, com a inclusão do art. 10-A da CLT:

Art. 10-A. O sócio retirante responde subsidiariamente pelas obrigações trabalhistas da sociedade relativas ao período em que figurou como sócio, somente em ações ajuizadas até dois anos depois de averbada a modificação do contrato, observada a seguinte ordem de preferência:

I — a empresa devedora;

II — os sócios atuais; e

III — os sócios retirantes.

Parágrafo único. O sócio retirante responderá solidariamente com os demais quando ficar comprovada fraude na alteração societária decorrente da modificação do contrato.

Primeiramente, vê-se que a responsabilidade do sócio retirante se limita às ações propostas até dois anos depois de averbada a alteração contratual, ou seja, ações ajuizadas depois de dito período não alcançarão o patrimônio dos ex-sócios.

Cumpre ressaltar, que ainda continua a situação de os ex-sócios não terem de ter figurado no polo passivo da reclamação trabalhista, ou seja, sua inclusão dar-se-á apenas na fase de execução.

Novidade digna de encômios é a relativa ao benefício de ordem criado pela novel lei. Para alcançar o ex-sócio primeiro deve-se buscar cobrar primeiro a empresa e os sócios atuais. Importante tal previsão, pois o que se via na prática era a indicação dos ex-sócios juntamente com a empresa e os atuais, para que pagassem principalmente no bloqueio *on-line*, momento em que se cobravam todos os sócios e ex-sócios, criando embaraços quase que intransponíveis.

De qualquer maneira, a lei no parágrafo único prevê que a responsabilidade do sócio retirante será solidária, desprezando-se o prazo do *caput* quando se tratar de alteração societária fraudulenta.

◈ ◈ ◈

ARTS. 11 E 11-A
PRESCRIÇÃO. PRESCRIÇÃO INTERCORRENTE

O art. 11 da CLT sofreu significativas mudanças:

Art. 11. A pretensão quanto a créditos resultantes das relações de trabalho prescreve em cinco anos para os trabalhadores urbanos e rurais, até o limite de dois anos após a extinção do contrato de trabalho.

I — (revogado);

II — (revogado).

[...]

§ 2º Tratando-se de pretensão que envolva pedido de prestações sucessivas decorrente de alteração ou descumprimento do pactuado, a prescrição é total, exceto quando o direito à parcela esteja também assegurado por preceito de lei.

> § 3º A interrupção da prescrição somente ocorrerá pelo ajuizamento de reclamação trabalhista, mesmo que em juízo incompetente, ainda que venha a ser extinta sem resolução do mérito, produzindo efeitos apenas em relação aos pedidos idênticos.

O *caput* do artigo em comento sofreu alteração, estando a redação mais concernente com a previsão do art. 7º, XXIX, da Constituição da República:

> **Art. 7º** São direitos dos trabalhadores urbanos e rurais, além de outros que visem à melhoria de sua condição social:
>
> **XXIX** — ação, quanto aos créditos resultantes das relações de trabalho, com prazo prescricional de cinco anos para os trabalhadores urbanos e rurais, até o limite de dois anos após a extinção do contrato de trabalho.

Pois bem. O § 2º traz novidade, sobre as prestações sucessivas, sendo total a prescrição quando se tratar de alteração contratual, exceção feita quando se tratar de parcela que esteja também assegurado por preceito de lei.

O legislador materializou na norma, o que já estava cristalizado na Súmula n. 294 do TST:

> PRESCRIÇÃO. ALTERAÇÃO CONTRATUAL. TRABALHADOR URBANO.
>
> Tratando-se de ação que envolva pedido de prestações sucessivas decorrente de alteração do pactuado, a prescrição é total, exceto quando o direito à parcela esteja também assegurado por preceito de lei.

Da mesma forma o § 3º reconhece a interrupção da prescrição com a simples distribuição da ação, ainda que em juízo incompetente, ressalvando que apenas se alcançam as verbas idênticas.

Aqui também, o legislador positivou previsão jurisprudencial contida na Súmula n. 268 do TST:

> PRESCRIÇÃO. INTERRUPÇÃO. AÇÃO TRABALHISTA ARQUIVADA.
>
> A ação trabalhista, ainda que arquivada, interrompe a prescrição somente em relação aos pedidos idênticos.

Vejamos. Se um empregado propõe uma ação trabalhista pedindo o pagamento de horas extras, mas se esquece de pedir, digamos, o pagamento de adicional de insalubridade, se já transcorrido o período prescricional, se a reclamatória for arquivada, ele só poderá pedir o pagamento das horas extras, pois o adicional de insalubridade, como não constou da reclamação arquivada, não poderá constar da nova ação, pois estará prescrito.

Outro ponto que gerava muita discussão e insegurança jurídica, é o relativo à prescrição intercorrente.

Existia até uma divergência de entendimento entre o Supremo Tribunal Federal e o Tribunal Superior do Trabalho. A excelsa Corte admitia a prescrição intercorrente, o que estava estampado na Súmula n. 327:

SÚMULA N. 327

O direito trabalhista admite a prescrição intercorrente.

Já, o Tribunal Superior do Trabalho divergia do entendimento do STF, estampando assim, o não cabimento da prescrição intercorrente no processo do trabalho:

PRESCRIÇÃO INTERCORRENTE

É inaplicável na Justiça do Trabalho a prescrição intercorrente.

A nova lei introduziu na CLT, o art. 11-A:

> Art. 11-A. Ocorre a prescrição intercorrente no processo do trabalho no prazo de dois anos.
>
> § 1º A fluência do prazo prescricional intercorrente inicia-se quando o exequente deixa de cumprir determinação judicial no curso da execução.
>
> § 2º A declaração da prescrição intercorrente pode ser requerida ou declarada de ofício em qualquer grau de jurisdição.

O prazo é de dois anos, e só será aplicada a prescrição intercorrente na fase de execução. O início do prazo dá-se com a inércia do credor em dar andamento ao processo. Este dispositivo dará margem a muitas discussões. Vejamos. Um exequente é intimado a indicar meios para se cobrar o devedor, e este, nesse momento, não tem bens para serem constritos. Ora, o credor não tem culpa por tal situação. Entendemos que neste caso, a prescrição intercorrente não se aplica, pois não há como se cobrar o devedor.

Por outro lado, concordamos com a tese de que o protesto judicial para interromper a prescrição é plenamente viável nessa situação (art. 826 do CPC).

Arts. 47 e 47-A
A Multa por Falta de Registro de Empregado

Fato muito comum nas relações de trabalho é a contratação de empregado sem registro.

Agora a lei traz multa a ser aplicada às empresas que adotam tal prática. Dita multa era de um salário mínimo, e agora passa a ser de R$ 3.000,00 por empregado não registrado, acrescido de igual valor em cada reincidência.

Para as microempresas e empresas de pequeno porte, a multa será de R$ 800,00.

A lei excepciona o critério da dupla visita, ou seja, a multa pode ser aplicada na primeira visita da fiscalização.

O art. 47-A instituiu multa de R$ 600,00 por empregado, quando o empregador não informar os dados previstos no parágrafo único do art. 41 da CLT, o qual assim prevê:

> Art. 41. [...]
>
> Parágrafo único. Além da qualificação civil ou profissional de cada trabalhador, deverão ser anotados todos os dados relativos à sua admissão no emprego, duração e efetividade do trabalho, a férias, acidentes e demais circunstâncias que interessem à proteção do trabalhador.

◈ ◈ ◈

Art. 58
Horas In Itinere

O art. 58 da CLT sofreu estas alterações:

> Art. 58. [...]
>
> [...]
>
> § 2º O tempo despendido pelo empregado desde a sua residência até a efetiva ocupação do posto de trabalho e para o seu retorno, caminhando ou por qualquer meio de transporte, inclusive o fornecido

pelo empregador, não será computado na jornada de trabalho, por não ser tempo à disposição do empregador.

§ 3º (Revogado). (NR)

Alteração que deita por terra consagrado instituto de proteção do trabalhador, o pagamento das horas *in itinere* ou em trânsito.

O TST tem a Súmula n. 90, que deverá ser cancelada, que assim determina:

> HORAS *IN ITINERE*. TEMPO DE SERVIÇO (incorporadas as Súmulas ns. 324 e 325 e as Orientações Jurisprudenciais ns. 50 e 236 da SBDI-1) — Res. n. 129/2005, DJ 20, 22 e 25.4.2005
>
> I — O tempo despendido pelo empregado, em condução fornecida pelo empregador, até o local de trabalho de difícil acesso, ou não servido por transporte público regular, e para o seu retorno é computável na jornada de trabalho. (ex-Súmula n. 90 — RA n. 80/1978, DJ 10.11.1978)
>
> II — A incompatibilidade entre os horários de início e término da jornada do empregado e os do transporte público regular é circunstância que também gera o direito às horas *in itinere*. (ex-OJ n. 50 da SBDI-1 — inserida em 1º.2.1995)
>
> III — A mera insuficiência de transporte público não enseja o pagamento de horas *in itinere*. (ex-Súmula n. 324 – Res. n. 16/1993, DJ 21.12.1993)
>
> IV — Se houver transporte público regular em parte do trajeto percorrido em condução da empresa, as horas *in itinere* remuneradas limitam-se ao trecho não alcançado pelo transporte público. (ex-Súmula n. 325 — Res. n. 17/1993, DJ 21.12.1993)
>
> V — Considerando que as horas *in itinere* são computáveis na jornada de trabalho, o tempo que extrapola a jornada legal é considerado como extraordinário e sobre ele deve incidir o adicional respectivo. (ex-OJ n. 236 da SBDI-1 — inserida em 20.6.2001)

Apesar de parecer um retrocesso social, as empresas poderão oferecer transporte aos seus empregados sem correr o risco de ter o período de trajeto computado na jornada para efeito de horas extras, o que pode servir como um incentivo ao empregador para oferecer tal comodidade.

Por outro lado, situação controversa será adequar o este dispositivo com o art. 294 da CLT, que poderá ser utilizado de forma analógica para a manutenção deste instituto jurídico. Entretanto, parece clara a vontade do legislador em realmente acabar com as horas *in itinere*.

Art. 58-A
Trabalho a Tempo Parcial

O art. 58-A da CLT tem nova redação e inclusão de novos parágrafos:

Art. 58-A. Considera-se trabalho em regime de tempo parcial aquele cuja duração não exceda a trinta horas semanais, sem a possibilidade de horas suplementares semanais, ou, ainda, aquele cuja duração não exceda a vinte e seis horas semanais, com a possibilidade de acréscimo de até seis horas suplementares semanais.

[...]

§ 3º As horas suplementares à duração do trabalho semanal normal serão pagas com o acréscimo de 50% (cinquenta por cento) sobre o salário-hora normal.

§ 4º Na hipótese de o contrato de trabalho em regime de tempo parcial ser estabelecido em número inferior a vinte e seis horas semanais, as horas suplementares a este quantitativo serão consideradas horas extras para fins do pagamento estipulado no § 3º, estando também limitadas a seis horas suplementares semanais.

§ 5º As horas suplementares da jornada de trabalho normal poderão ser compensadas diretamente até a semana imediatamente posterior à da sua execução, devendo ser feita a sua quitação na folha de pagamento do mês subsequente, caso não sejam compensadas.

§ 6º É facultado ao empregado contratado sob regime de tempo parcial converter um terço do período de férias a que tiver direito em abono pecuniário.

§ 7º As férias do regime de tempo parcial são regidas pelo disposto no art. 130 desta Consolidação.

O trabalho a tempo parcial foi introduzido em nosso ordenamento jurídico trabalhista em 2001, mas não se trata de prática que tenha ganhado a simpatia de empregadores e empregados.

Criado como uma forma de se admitir pessoas que necessitam ter jornada menor de trabalho, como mulheres que tenham filhos pequenos, ou estudantes, fato é que sua adoção não é grande.

Agora, o legislador fez alterações no sentido de que o trabalho a tempo parcial é aquele que não ultrapasse trinta horas semanais, sem a possibilidade de horas suplementares. Antes a lei fixava essa duração em vinte e cinco horas semanais.

Hoje a lei ainda prevê que nessa modalidade de trabalho, a duração semanal possa ser fixada em no máximo vinte e seis horas, e neste caso poderão ser realizadas horas extras em no máximo seis semanais, ainda que a duração semanal seja inferior a esse máximo de vinte e seis horas, e em todo caso, a remuneração das horas suplementares serão acrescidas de 50%.

As horas suplementares poderão ser compensadas até a semana imediatamente seguinte à sua realização, devendo a quitação ser feita na folha do mês subsequente, quando não ocorrer a compensação.

Outra novidade, é que as férias do empregado a tempo parcial terão a mesma duração das férias dos demais trabalhadores, ou seja, com base no art. 130 da CLT, uma vez que o art. 130-A, que previa tempo menor de férias a estes empregados, foi revogado pela Lei n. 13.467/2017.

Ademais, permite-se que o trabalhador a tempo parcial também converta um terço das férias a que tiver direito em abono pecuniário.

❖ ❖ ❖

Art. 59
Horas Extras, Banco de Horas e Acordo de Compensação

Art. 59. A duração diária do trabalho poderá ser acrescida de horas extras, em número não excedente de duas, por acordo individual, convenção coletiva ou acordo coletivo de trabalho.

§ 1º A remuneração da hora extra será, pelo menos, 50% (cinquenta por cento) superior à da hora normal.

[...]

§ 3º Na hipótese de rescisão do contrato de trabalho sem que tenha havido a compensação integral da jornada extraordinária, na forma dos §§ 2º e 5º deste artigo, o trabalhador terá direito ao pagamento das horas extras não compensadas, calculadas sobre o valor da remuneração na data da rescisão.

§ 4º (Revogado).

§ 5º O banco de horas de que trata o § 2º deste artigo poderá ser pactuado por acordo individual escrito, desde que a compensação ocorra no período máximo de seis meses.

§ 6º É lícito o regime de compensação de jornada estabelecido por acordo individual, tácito ou escrito, para a compensação no mesmo mês.

A principal alteração ocorrida nesse artigo, foi a relativa ao regime de compensação poder ser celebrado por acordo individual de trabalho, e neste caso, a compensação deverá ocorrer em um prazo máximo de seis meses, ao contrário daquela prevista no § 2º, que é a celebrada por acordo ou convenção coletivos, que poderá ser em até um período máximo de um ano.

Trata-se de um avanço na praticidade nas relações de emprego. A nosso ver, dever-se-ia manter o mesmo período de um ano para os acordos individuais, mas preferiu-se manter certo poder aos órgãos sindicais.

Quanto à alteração do § 1º, tratou-se apenas de uma atualização consentânea com a Constituição da República, pois a redação anterior falava em adicional de 20% para horas extras.

◈ ◈ ◈

ARTS. 59-A, 59-B E 60
JORNADA 12 (DE TRABALHO) x 36 (DE DESCANSO)

Lei n. 13.467/2017	MP n. 808/2017
Art. 59-A. Em exceção ao disposto no art. 59 desta Consolidação, é facultado às partes, mediante acordo individual escrito, convenção coletiva ou acordo coletivo de trabalho, estabelecer horário de trabalho de doze horas seguidas por trinta e seis horas ininterruptas de descanso, observados ou indenizados os intervalos para repouso e alimentação.	Art. 59-A. Em exceção ao disposto no art. 59 e em leis específicas, é facultado às partes, por meio de convenção coletiva ou acordo coletivo de trabalho, estabelecer horário de trabalho de doze horas seguidas por trinta e seis horas ininterruptas de descanso, observados ou indenizados os intervalos para repouso e alimentação.

Parágrafo único. A remuneração mensal pactuada pelo horário previsto no *caput* deste artigo abrange os pagamentos devidos pelo descanso semanal remunerado e pelo descanso em feriados, e serão considerados compensados os feriados e as prorrogações de trabalho noturno, quando houver, de que tratam o art. 70 e o § 5º do art. 73 desta Consolidação.	§ 1º A remuneração mensal pactuada pelo horário previsto no *caput* abrange os pagamentos devidos pelo descanso semanal remunerado e pelo descanso em feriados e serão considerados compensados os feriados e as prorrogações de trabalho noturno, quando houver, de que tratam o art. 70 e o § 5º do art. 73.
Inexistente	§ 2º É facultado às entidades atuantes no setor de saúde estabelecer, por meio de acordo individual escrito, convenção coletiva ou acordo coletivo de trabalho, horário de trabalho de doze horas seguidas por trinta e seis horas ininterruptas de descanso, observados ou indenizados os intervalos para repouso e alimentação. (NR)
Art. 59-B. O não atendimento das exigências legais para compensação de jornada, inclusive quando estabelecida mediante acordo tácito, não implica a repetição do pagamento das horas excedentes à jornada normal diária se não ultrapassada a duração máxima semanal, sendo devido apenas o respectivo adicional. **Parágrafo único.** A prestação de horas extras habituais não descaracteriza o acordo de compensação de jornada e o banco de horas.	Mantida

Esta jornada sempre foi muito utilizada em duas atividades, na área da saúde e nos serviços de segurança.

Durante muito tempo se discutiu a validade dessa jornada, se ela estaria ou não, ferindo o previsto no art. 7º, XIII, da Constituição da República:

Art. 7º São direitos dos trabalhadores urbanos e rurais, além de outros que visem à melhoria de sua condição social:

XIII — duração do trabalho normal não superior a oito horas diárias e quarenta e quatro semanais, facultada a compensação de horários e a redução da jornada, mediante acordo ou convenção coletiva de trabalho.

Nunca nos restou dúvida quanto a constitucionalidade do regime 12 x 36, pois trata-se de verdadeiro regime de compensação, já que não há nessa duração mais de 44 horas de trabalho durante a semana.

Firmou-se o entendimento, que essa jornada só teria validade se autorizada por convenção ou acordo coletivo, a tal ponto que em 2012, o Tribunal Superior do Trabalho editou a Súmula n. 444, que assim reza:

JORNADA DE TRABALHO. NORMA COLETIVA. LEI. ESCALA DE 12 POR 36. VALIDADE. — Res. n. 185/2012, DEJT divulgado em 25, 26 e 27.9.2012 — republicada em decorrência do despacho proferido no Processo TST-PA-504.280/2012.2 — DEJT divulgado em 26.11.2012

É valida, em caráter excepcional, a jornada de doze horas de trabalho por trinta e seis de descanso, prevista em lei ou ajustada exclusivamente mediante acordo coletivo de trabalho ou convenção coletiva de trabalho, assegurada a remuneração em dobro dos feriados trabalhados. O empregado não tem direito ao pagamento de adicional referente ao labor prestado na décima primeira e décima segunda horas.

Pela redação do *caput*, essa jornada poderá ser exercida por qualquer empregado mediante acordo individual, coletivo ou convenção coletiva. Importante mencionar que a MP n. 808 trazia uma modificação no tema, de modo que a alteração por meio de acordo individual poderia ser feita apenas na área da saúde.

Atualmente, com o fim da Medida Provisória, retornou para a redação original, fazendo com que qualquer empregado possa ter o seu contrato de trabalho modificado por meio de acordo individual para laborar em jornada 12 x 36.

Excelente a flexibilização ocorrida aqui. Nunca entendemos o porquê da necessidade de norma coletiva para a validade dessa forma de pactuação.

A jornada 12 x 36 ainda torna desnecessária folga ou pagamento em razão do feriado laborado, estando este já incluído na remuneração paga. Esta redação é contrária ao entendimento jurisprudencial dominante, pois os tribunais exigiam folga compensatória em caso de labor em feriado (ou seu pagamento em dobro). A partir de agora isto não é mais necessário. Por ser um regime de escala, em alguns momentos o empregado poderá laborar em feriados, conforme determinado em escala. Tratando-se de peculiaridade do regime.

Outro ponto também sedimentado com esta redação foi a "jornada mista" (aquela em que o empregado labora no regime noturno e estende a jornada até o regime diurno — *vide* art. 73 da CLT).

A jurisprudência quase uníssona era no sentido de que o labor após o fim do horário noturno, deveria ser pago como se noturno fosse, já que o empregado não teve seu descanso. Entretanto, com a redação atual, já se inclui no pagamento da remuneração da jornada 12 x 36 o pagamento das horas noturnas prorrogadas.

Além disso, o legislador trouxe um indício do que viria mais adiante quando diz "observados ou indenizados os intervalos para repouso e alimentação". Já é um claro e evidente sinal de que o intervalo intrajornada poderá ser reduzido, conforme previsão expressa do art. 611-A.

Outra novidade, é relativa a realização dessa jornada sem a formalização prevista na lei (art. 59-B). Neste caso, o empregado terá direito ao recebimento do adicional de horas extras apenas, e não o pagamento das horas trabalhadas, pois estas já foram remuneradas. Parece-nos justo.

Em seu parágrafo único, a mera realização de horas extras não é suficiente para invalidar o acordo de compensação de horas ou banco de horas, ainda que habituais. Este dispositivo vai de encontro ao disposto no inciso IV da Súmula n. 85 do TST, que dispunha que as horas extras habituais descaracterizavam o banco de horas ou acordo de compensação.

Por fim, o legislador exclui os trabalhos nesta jornada, da autorização prévia para o trabalho suplementar em atividades insalubres.

É o que consta do parágrafo único incluído ao art. 60 da CLT. Vejamos:

> Art. 60. Nas atividades insalubres, assim consideradas as constantes dos quadros mencionados no capítulo "Da Segurança e da Medicina do Trabalho", ou que neles venham a ser incluídas por ato do Ministro do Trabalho, Indústria e Comércio, quaisquer prorrogações só poderão ser acordadas mediante licença prévia das autoridades competentes em matéria de higiene do trabalho, as quais, para esse efeito, procederão aos necessários exames locais e à verificação dos

métodos e processos de trabalho, quer diretamente, quer por intermédio de autoridades sanitárias federais, estaduais e municipais, com quem entrarão em entendimento para tal fim.

Parágrafo único. Excetuam-se da exigência de licença prévia as jornadas de doze horas de trabalho por trinta e seis horas ininterruptas de descanso.

Apesar das críticas, na jornada 12 x 36, não se trata de trabalho em horas extras, tendo andado bem o legislador em excluir esses trabalhadores da previsão do art. 60.

◈ ◈ ◈

Art. 61
Prorrogação de Jornada

O art. 61 da CLT sofreu modificação na redação de seu § 1º:

§ 1º O excesso, nos casos deste artigo, pode ser exigido independentemente de convenção coletiva ou acordo coletivo de trabalho.

A alteração deu-se apenas para incluir a possibilidade de se prorrogar a jornada independentemente de norma coletiva.

Digamos que uma convenção coletiva tenha alguma previsão especial para que se prorrogue a jornada de trabalho, uma avença individual pode se sobrepor a essa norma coletiva.

A mudança retirou a necessidade de aviso ao Ministério do Trabalho, mas o labor em jornada excessiva neste caso deverá ser em caráter excepcional, não havendo mudança neste ponto.

◈ ◈ ◈

Art. 62
Trabalhadores sem Direito a Horas Extras

O art. 62 da CLT traz as exceções de controle de jornada por certos trabalhadores.

Apesar do título deste capítulo, não entendemos que os trabalhadores ali indicados não tenham direito ao recebimento de horas extras, pois caso se comprove a duração da jornada, tais trabalhadores terão esse direito. É o que ocorre comumente com motoristas, além de nosso entendimento de que até os trabalhadores exercentes de função de confiança, caso tenham controle de sua jornada, também têm direito ao recebimento do pagamento de horas extras.

A alteração ocorrida agora foi a inclusão dos trabalhadores em regime de teletrabalho.

> Art. 62. [...]
>
> [...]
>
> III — os empregados em regime de teletrabalho.

Importante compatibilizar este dispositivo com o art. 6º da CLT:

> Art. 6º Não se distingue entre o trabalho realizado no estabelecimento do empregador, o executado no domicílio do empregado e o realizado a distância, desde que estejam caracterizados os pressupostos da relação de emprego. (Redação dada pela Lei n. 12.551, de 2011)
>
> Parágrafo único. Os meios telemáticos e informatizados de comando, controle e supervisão se equiparam, para fins de subordinação jurídica, aos meios pessoais e diretos de comando, controle e supervisão do trabalho alheio.

Nessa modalidade de trabalho, o trabalhador fica em sua residência sem controle de horário pelo empregador.

O art. 6º continua plenamente válido, e eficaz, mas existe uma forma de compatibilizá-lo com o art. 62, inciso III.

Não há qualquer distinção feita com o empregado presencial e o teletrabalhador, apenas um regime de trabalho, como o de cargo de confiança, que não se submete a um controle rigoroso do empregador quanto à jornada de trabalho.

Por outro lado, caso por algum outro meio a jornada seja controlada, digamos pela internet, o teletrabalhador terá direito ao recebimento de horas extras. Relatórios constando os horários de envios de arquivos ou outros trabalhos servirão de meio de prova.

Art. 71
Intervalo Intrajornada

Ao art. 71 da CLT, foi incluído um novo parágrafo:

"Art. 71. [...]

[...]

§ 4º A não concessão ou a concessão parcial do intervalo intrajornada mínimo, para repouso e alimentação, a empregados urbanos e rurais, implica o pagamento, de natureza indenizatória, apenas do período suprimido, com acréscimo de 50% (cinquenta por cento) sobre o valor da remuneração da hora normal de trabalho."

Esse parágrafo alterou o entendimento já consagrado na jurisprudência, no sentido de ter o pagamento do intervalo não usufruído natureza salarial, e, também, que a não concessão integral do intervalo obrigava o empregador pagar o período integral. Digamos, o trabalhador usufruía de 40 minutos de intervalo, o empregador tinha de pagar o equivalente a uma hora.

Agora, com as alterações acima, o pagamento do período não usufruído terá natureza indenizatória, e o empregador terá de pagar apenas os minutos não usufruídos. Isto deita por terra a previsão da Súmula n. 437, I, do TST:

INTERVALO INTRAJORNADA PARA REPOUSO E ALIMENTAÇÃO. APLICAÇÃO DO ART. 71 DA CLT (conversão das Orientações Jurisprudenciais ns. 307, 342, 354, 380 e 381 da SBDI-1) — Res. n. 185/2012, DEJT divulgado em 25, 26 e 27.9.2012

I — Após a edição da Lei n. 8.923/94, a não concessão ou a concessão parcial do intervalo intrajornada mínimo, para repouso e alimentação, a empregados urbanos e rurais, implica o pagamento total do período correspondente, e não apenas daquele suprimido, com acréscimo de, no mínimo, 50% sobre o valor da remuneração da hora normal de trabalho (art. 71 da CLT), sem prejuízo do cômputo da efetiva jornada de labor para efeito de remuneração.

Arts. 75-A, 75-B, 75-C, 75-D e 75-E
Teletrabalho

A Lei n. 13.467/2017 trouxe expressamente uma nova forma de trabalho, até então inexistente nas leis trabalhistas, o teletrabalho, dedicando um capítulo inteiro a este novo regime de trabalho:

> Art. 75-A. A prestação de serviços pelo empregado em regime de teletrabalho observará o disposto neste Capítulo.

Já vimos que o art. 62, trouxe que o teletrabalhador, em regra, não gozará dos benefícios previstos quanto a jornada de trabalho, tais como hora extra, adicional noturno, intervalos intra e interjonadas.

Este regime de trabalho está se tornando cada dia mais comum. O trânsito das grandes cidades tem afastado as pessoas das empresas, e a tecnologia tem possibilitado a integração dos empregados com os sistemas corporativos e empresariais onde quer que estejam, fazendo com que o teletrabalho seja cada dia mais utilizado por empresas.

Até então inexistente na CLT, era a doutrina que trazia definição do instituto, mas que agora passou a ter o conceito legal do teletrabalho trazido pelo legislador no art. 75-B:

> **Art. 75-B.** Considera-se teletrabalho a prestação de serviços preponderantemente fora das dependências do empregador, com a utilização de tecnologias de informação e de comunicação que, por sua natureza, não se constituam como trabalho externo.
>
> **Parágrafo único.** O comparecimento às dependências do empregador para a realização de atividades específicas que exijam a presença do empregado no estabelecimento não descaracteriza o regime de teletrabalho.

O teletrabalho não exige que o trabalho prestado pelo empregado seja apenas fora das dependências do empregador. É natural que em algumas ocasiões o empregado tenha que se dirigir às dependências do empregador. O que não pode é a frequência diária. A lei deixa de estabelecer um padrão para definir esta frequência.

O regime de teletrabalho deverá constar expressamente no contrato de trabalho do empregado, inclusive com as especificações das tarefas que serão realizadas fora das dependências do empregador, conforme previsão do art. 75-C:

> **Art. 75-C.** A prestação de serviços na modalidade de teletrabalho deverá constar expressamente do contrato individual de trabalho, que especificará as atividades que serão realizadas pelo empregado.
>
> § 1º Poderá ser realizada a alteração entre regime presencial e de teletrabalho desde que haja mútuo acordo entre as partes, registrado em aditivo contratual.
>
> § 2º Poderá ser realizada a alteração do regime de teletrabalho para o presencial por determinação do empregador, garantido prazo de transição mínimo de quinze dias, com correspondente registro em aditivo contratual.

Além disso, a alteração do regime de trabalho de presencial para o teletrabalho necessita de mútuo acordo entre as partes, que poderá ser feito por meio de um aditivo contratual. Ou seja, o empregado deve concordar com a alteração.

Por outro lado, mudança de teletrabalho para presencial não necessita de mútuo consentimento, apenas da vontade unilateral do empregador, mas deve conceder um prazo mínimo de quinze dias ao empregado, para que este possa readaptar a sua rotina ao trabalho presencial. A mudança também deverá ser feita por meio de aditivo contratual.

O legislador não previu expressamente de quem é a responsabilidade pela manutenção dos equipamentos necessários ao teletrabalho, deixando às partes a possibilidade de negociação, que deverá conter expressamente em contrato escrito.

Entretanto, o legislador deixou em evidência que caso o empregador pague pelos equipamentos ou qualquer reembolso por despesas, esta quantia não integra a remuneração do empregado, sendo de cunho indenizatório, conforme previsão do art. 75-D:

> **Art. 75-D.** As disposições relativas à responsabilidade pela aquisição, manutenção ou fornecimento dos equipamentos tecnológicos e da infraestrutura necessária e adequada à prestação do trabalho remoto, bem como ao reembolso de despesas arcadas pelo empregado, serão previstas em contrato escrito.
>
> **Parágrafo** único. As utilidades mencionadas no *caput* deste artigo não integram a remuneração do empregado.

Já o art. 75-E diz:

> **Art. 75-E.** O empregador deverá instruir os empregados, de maneira expressa e ostensiva, quanto às precauções a tomar a fim de evitar doenças e acidentes de trabalho.
>
> **Parágrafo único.** O empregado deverá assinar termo de responsabilidade comprometendo-se a seguir as instruções fornecidas pelo empregador.

Como o empregador não terá amplo controle do local e das condições de trabalho do teletrabalhador, a fim de garantir que este tenha meios dignos de trabalho, o legislador impõe o dever do empregador de instruir de maneira expressa quanto às condições de trabalho, bem como medidas que evitem doenças e acidentes de trabalho. O empregado deverá assinar o termo de responsabilidade. Eventual ausência deste termo, poderá ensejar sanção administrativa pelo Ministério Público do Trabalho.

◈ ◈ ◈

Art. 134
Férias

No que tange as férias, houve uma importante alteração trazida pelo art. 134:

> "Art. 134. [...]
>
> § 1º Desde que haja concordância do empregado, as férias poderão ser usufruídas em até três períodos, sendo que um deles não poderá ser inferior a quatorze dias corridos e os demais não poderão ser inferiores a cinco dias corridos, cada um.
>
> § 2º (Revogado).
>
> § 3º É vedado o início das férias no período de dois dias que antecede feriado ou dia de repouso semanal remunerado." (NR)

O legislador permitiu que as férias fossem fracionadas em até três períodos, e não mais em dois, como na redação anterior do § 1º.

O gozo das férias em três períodos deve ser feito de comum acordo, entre empregado e empregador, não é uma decisão unilateral de nenhuma das partes.

Além disso, um dos períodos não poderá ser inferior a quatorze dias corridos, pois o legislador considera este o período mínimo que o empregado terá pleno descanso, e os outros dois períodos não poderão ser inferiores a cinco dias corridos. Sendo que o início de qualquer dos períodos não poderá ser em véspera de feriado ou fim de semana, pois nesta hipótese o empregado "perderia" dias de férias.

Por fim, a revogação do § 2º mostrou-se efetiva, pois os trabalhadores menores de 18 anos e maiores de 50 podem gozar de períodos de férias divididos. Neste particular não há razão para o excesso de proteção dado a estes trabalhadores, que muitas vezes pretendiam dividir suas férias, mas não lhe era permitido.

❖ ❖ ❖

Arts. 223-A, 223-B, 223-C, 223-D, 223-E, 223-F e 223-G
Dano Extrapatrimonial

Lei n. 13.467/2017	MP n. 808/2017
'Art. 223-A. Aplicam-se à reparação de danos de natureza extrapatrimonial decorrentes da relação de trabalho apenas os dispositivos deste Título.'	Mantida
'Art. 223-B. Causa dano de natureza extrapatrimonial a ação ou omissão que ofenda a esfera moral ou existencial da pessoa física ou jurídica, as quais são as titulares exclusivas do direito à reparação.'	Mantida

'Art. 223-C. A honra, a imagem, a intimidade, a liberdade de ação, a autoestima, a sexualidade, a saúde, o lazer e a integridade física são os bens juridicamente tutelados inerentes à pessoa física.'	"Art. 223-C. A etnia, a idade, a nacionalidade, a honra, a imagem, a intimidade, a liberdade de ação, a autoestima, o gênero, a orientação sexual, a saúde, o lazer e a integridade física são os bens juridicamente tutelados inerentes à pessoa natural." (NR)
'Art. 223-D. A imagem, a marca, o nome, o segredo empresarial e o sigilo da correspondência são bens juridicamente tutelados inerentes à pessoa jurídica.'	Mantida
'Art. 223-E. São responsáveis pelo dano extrapatrimonial todos os que tenham colaborado para a ofensa ao bem jurídico tutelado, na proporção da ação ou da omissão.'	Mantida
'Art. 223-F. A reparação por danos extrapatrimoniais pode ser pedida cumulativamente com a indenização por danos materiais decorrentes do mesmo ato lesivo.	Mantida
§ 1º Se houver cumulação de pedidos, o juízo, ao proferir a decisão, discriminará os valores das indenizações a título de danos patrimoniais e das reparações por danos de natureza extrapatrimonial.	Mantida
§ 2º A composição das perdas e danos, assim compreendidos os lucros cessantes e os danos emergentes, não interfere na avaliação dos danos extrapatrimoniais.	Mantida
Art. 223-G. Ao apreciar o pedido, o juízo considerará:	Mantida
I — a natureza do bem jurídico tutelado;	Mantida
II — a intensidade do sofrimento ou da humilhação;	Mantida

III — a possibilidade de superação física ou psicológica;	Mantida
IV — os reflexos pessoais e sociais da ação ou da omissão;	Mantida
V — a extensão e a duração dos efeitos da ofensa;	Mantida
VI — as condições em que ocorreu a ofensa ou o prejuízo moral;	Mantida
VII — o grau de dolo ou culpa;	Mantida
VIII — a ocorrência de retratação espontânea;	Mantida
IX — o esforço efetivo para minimizar a ofensa;	Mantida
X — o perdão, tácito ou expresso;	Mantida
XI — a situação social e econômica das partes envolvidas;	Mantida
XII — o grau de publicidade da ofensa.	Mantida
§ 1º Se julgar procedente o pedido, o juízo fixará a indenização a ser paga, a cada um dos ofendidos, em um dos seguintes parâmetros, vedada a acumulação:	§ 1º Ao julgar procedente o pedido, o juízo fixará a reparação a ser paga, a cada um dos ofendidos, em um dos seguintes parâmetros, vedada a acumulação:
I — ofensa de natureza leve, até três vezes o último salário contratual do ofendido;	I — para ofensa de natureza leve — até três vezes o valor do limite máximo dos benefícios do Regime Geral de Previdência Social;
II — ofensa de natureza média, até cinco vezes o último salário contratual do ofendido;	II — para ofensa de natureza média — até cinco vezes o valor do limite máximo dos benefícios do Regime Geral de Previdência Social;
III — ofensa de natureza grave, até vinte vezes o último salário contratual do ofendido;	III — para ofensa de natureza grave — até vinte vezes o valor do limite máximo dos benefícios do Regime Geral de Previdência Social; ou

IV — ofensa de natureza gravíssima, até cinquenta vezes o último salário contratual do ofendido.	IV — para ofensa de natureza gravíssima — até cinquenta vezes o valor do limite máximo dos benefícios do Regime Geral de Previdência Social.
§ 2º Se o ofendido for pessoa jurídica, a indenização será fixada com observância dos mesmos parâmetros estabelecidos no § 1º deste artigo, mas em relação ao salário contratual do ofensor.	Mantida
§ 3º Na reincidência entre partes idênticas, o juízo poderá elevar ao dobro o valor da indenização.	§ 3º Na reincidência de quaisquer das partes, o juízo poderá elevar ao dobro o valor da indenização.
Inexistente	§ 4º Para fins do disposto no § 3º, a reincidência ocorrerá se ofensa idêntica ocorrer no prazo de até dois anos, contado do trânsito em julgado da decisão condenatória.
Inexistente	§ 5º Os parâmetros estabelecidos no § 1º não se aplicam aos danos extrapatrimoniais decorrentes de morte.

Outra relevante inovação da Lei n. 13.467/2017 foi o Dano Extrapatrimonial. A lei não criou o instituto, sendo este um velho conhecido dos juristas. A bem da verdade a lei agora o instituiu no diploma celetista. Até então, os pedidos de Dano Extrapatrimonial (ou Dano Moral) eram fundamentados principalmente nos arts. 186 e 927 do Código Civil.

A partir de agora, não será possível a fundamentação em qualquer outro diploma, que não os dispositivos celetistas que tratam do tema. Interpretação feita do art. 223-A, em razão da utilização do termo "apenas", impedindo que se socorra de outros diplomas a fim de fundamentar o pedido ou sua decisão.

Já no art. 223-B, o legislador tratou de definir, ainda que de modo bem genérico e simples, o instituto. O dano extrapatrimonial pode ser causado por alguma ação ou omissão que ofenda a esfera moral ou existencial de uma pessoa.

Uma importante inovação trazida pelo mesmo dispositivo diz respeito à possibilidade de dano à pessoa jurídica e não só à pessoa física. No Direito Civil já existe uma forte corrente no sentido de que a pessoa jurídica também pode ser abalada de modo que mereça reparação correspondente do ofensor, mesmo que seja pessoa física. Assim, os titulares do direito extrapatrimonial podem ser pessoas físicas ou jurídicas.

Na parte final deste dispositivo, o legislador estabelece que a pessoa física ou jurídica ofendida são titulares exclusivas do direito à reparação, isto quer dizer que salvo no evento morte (em que far-se-á representado por algum herdeiro), apenas estas, ou seja, o próprio empregado ou empregador, terão capacidade para pleitear em juízo eventual reparação. Uma vez que estamos diante de ofensa a um direito personalíssimo.

O art. 223-C trata dos bens juridicamente tutelados das pessoas físicas. Este dispositivo foi um dos que sofreu alteração pela MP n. 808/2017. Por meio desta foram incluídas a "etnia", a "idade" e a "nacionalidade" como bens juridicamente tutelados, mas que foram novamente excluídos do rol, ante ao fim da Medida Provisória.

A grande discussão quanto ao tema paira sobre o questionamento se o rol é exemplificativo ou taxativo. Ainda que não haja consenso quanto a esta questão, nosso posicionamento é de que o rol é taxativo!

Primeiramente, ao se fazer a interpretação gramatical do dispositivo, vemos a utilização do artigo definido "os", que determinam os substantivos de maneira precisa, objetiva e particular. Assim, podemos entender que estes — e só estes — são os bens juridicamente tutelados da pessoa física.

Corroborando este entendimento, o legislador tinha incluído por meio da MP n. 808/2017, mais bens ao rol, como mencionado acima. Assim, se o rol fosse exemplificativo, o legislador não precisaria ter o cuidado de inserir novos bens jurídicos a este dispositivo. A cautela em fazer estas modificações vai ao encontro da análise feita de que o rol é taxativo.

Infelizmente, com o fim da MP n. 808/2017, não existe mais a previsão expressa desses bens como juridicamente tutelados, bem como a sexualidade que passou a englobar a orientação sexual e o gênero. Entretanto, numa interpretação extensiva, é possível enquadrar a etnia como uma ofensa à honra, ou à própria autoestima. O mesmo servindo, por exemplo para a idade e a nacionalidade.

O art. 223-D trata dos bens da pessoa juridicamente tutelados. Na contramão do entendimento quanto aos bens da pessoa física, este rol entendemos ser exemplificativo, justamente pela não utilização do artigo "os". Como pode ser percebido, o legislador utiliza de forma genérica que "são bens" juridicamente tutelados. Não fazendo qualquer precisão sobre estes.

Assim, se um empregado ofender o empregador, ou vazar alguma informação sigilosa deste, por exemplo, poderá ter que indenizá-lo.

O legislador previu também a possibilidade de responsabilização direta dos que participaram da ofensa. Tanto do lado do empregado, como do empregador. Assim, a empresa poderá incluir no processo o empregado que causou o dano extrapatrimonial, para que responda de forma solidária, na proporção da ação ou omissão, que será analisada pelo magistrado. O empregador também poderá propor demanda contra todos os empregados que o lesaram, por exemplo, e o magistrado irá analisar o grau de culpa de cada um.

O dano extrapatrimonial pode ser cumulado com o dano material. O dano estético está incluído no primeiro, por ser um dano que fere a imagem e consequentemente a moral, ou nos termos do rol do art. 223-C, pode ser enquadrado como "autoestima" ou mesmo "integridade física".

Caso haja cumulação dos pedidos (dano moral e material) o juiz deverá discriminar o valor de cada um, não podendo proferir sentença condenando em um único dano. Na prática, esta situação já acontecia, sendo excesso de zelo do legislador.

Por sua vez, o § 2º estabelece que o dano material independe do dano extrapatrimonial, não devendo o magistrado analisá-los conjuntamente, mas sim em separado, com base nos critérios do artigo subsequente (art. 223-G).

O art. 223-G é, indiscutivelmente, um dos mais polêmicos desta nova lei, tanto que havia sido reformado pela MP n. 808/2017.

Esta trouxe correta mudança para fixar o *quantum* indenizatório com base no valor do benefício do Regime Geral da Previdência Social, o que gera uma proporcionalidade e igualdade perante os ofendidos.

Porém com o fim da Medida Provisória, a Lei n. 13.467/2017 traz uma tarifação do dano com base no salário do ofendido, o que gerou diversas críticas, por causar uma clara desigualdade. Fazendo com que a indenização do ofendido com um alto salário fosse maior do que aquele com salário baixo.

Em que pese o critério salarial sirva de argumento para evitar o "enriquecimento ilícito", com indenizações elevadas para aqueles com poder econômico menor, é indiscutível a desigualdade que este critério se estabelece em determinadas situações.

A Reforma trouxe, ainda, a tarifação do Dano Moral, de modo que este passou a ser dividido em quatro tipos de ofensas: leve, média, grave e gravíssima. A primeira teve a indenização fixada em até três vezes o limite máximo dos benefícios do Regime Geral de Previdência Social, a segunda até cinco vezes, a terceira até vinte vezes e a última até cinquenta vezes.

A tarifação de um modo geral é sempre polêmica, a nosso ver, o legislador optou por fazê-la, assim o empregador (e o próprio empregado) terão conhecimento prévio sobre o valor da possível indenização. Além disso, ainda haverá o critério subjetivo do magistrado em analisar o caso e enquadrá-lo no parâmetro que julgar correspondente ao caso concreto.

Caberá ao magistrado analisar cada caso e enquadrar a ofensa em uma das categorias citadas, justificando a escolha, bem como posteriormente fixando o valor de acordo com os critérios estabelecidos. Os critérios são trazidos no rol do *caput*, em doze incisos, e podemos dizer que foi positivado o que já era utilizado na prática ao se analisar o dano moral. Este rol até então trazido pela doutrina e jurisprudência, de modo inovador passa a integrar o sistema legislativo celetista.

Outro prejuízo com o fim da MP foi a obrigatoriedade de aplicação desse critério de fixação inclusive em caso de morte do empregado. A alteração pela lei provisória previa que esse critério não era aplicado neste caso, podendo o magistrado fixar a indenização livremente, ante a gravidade do fato. Agora, podemos afirmar, sem qualquer dúvida, que a morte de um empregado custará à empresa no máximo 50 vezes o salário do empregado e novamente gerando a desigualdade de que uma vida vale mais que a outra.

O § 2º não tinha sido alterado pela Medida Provisória. Nele há a previsão de que se o ofendido for a pessoa jurídica, e neste caso o ofensor deve ser empregado, o montante indenizatório deve ser calculado com base no salário do ofensor. Assim, haverá uma proporcionalidade, pois aquele que receber menos e ofender pagará uma indenização proporcional aos seus vencimentos, evitando um prejuízo excessivo de alguns bem como uma indenização ínfima para outros.

Na reincidência entre partes idênticas, o juízo poderá elevar ao dobro o valor da indenização. Entendemos, que neste caso a reincidência deve ocorrer com as mesmas partes no processo simultaneamente, não necessitando que seja ofendido o mesmo bem jurídico, mas que sejam as mesmas partes.

Neste caso o juiz poderá — e não deverá — dobrar o valor da indenização fixada anteriormente com base nos critérios do §1º, sendo uma faculdade legal. Assim, por exemplo, se o juiz fixou no caso uma indenização de cinco vezes o salário do ofendido, poderá dobrar o valor. Caso as partes voltem a repetir o ato ofensivo, o juiz dobrará a indenização anteriormente fixada.

Este parágrafo fora alterado pela MP n. 808/2017, a fim de estabelecer que não mais a reincidência deveria ser entre partes idênticas, mas se envolver qualquer das partes, independente se idênticas ou não, sendo que este critério não é mais aplicável.

Tendo a Medida Provisória caducado, não há um critério de fixação sobre a reincidência, causando uma insegurança jurídica, pois a qualquer tempo, mesmo se passado décadas, poderia haver a discussão se a parte era reincidente.

Não são raros os casos que o empregado sai da empresa e retorna anos depois, ou ainda, no curso de um contrato de trabalho um empregado pode ser ofendido ou ofender o seu empregador por mais de uma vez, ou mesmo após o fim do seu contrato, repetir determinada ofensa. Todas estas situações ficariam num "limbo temporal" para análise pelo magistrado.

A nosso ver, continua sendo necessária uma sentença condenatória com trânsito em julgado para se estabelecer a reincidência, aplicando-se o entendimento penalista à justiça laboral. Por outro lado, a reincidência não exige uma conduta igual, podendo, portanto, ofender bem jurídico diverso.

Quanto ao prazo, a MP estabelecida até dois anos do trânsito em julgado da decisão anterior. Agora, retorna o prazo do inciso XXIX do art. 7º da Constituição Federal, ou seja, dois anos até o fim do contrato. Não tendo o que se falar em indenização após o decurso desse prazo.

◈ ◈ ◈

Art. 394-A
Gestante em Ambiente Insalubre

Lei n. 13.467/2017	MP n. 808/2017
Art. 394-A. Sem prejuízo de sua remuneração, nesta incluído o valor do adicional de insalubridade, a empregada deverá ser afastada de:	Art. 394-A. A empregada gestante será afastada, enquanto durar a gestação, de quaisquer atividades, operações ou locais insalubres e exercerá suas atividades em local salubre, excluído, nesse caso, o pagamento de adicional de insalubridade.
I — atividades consideradas insalubres em grau máximo, enquanto durar a gestação;	REVOGADO

II — atividades consideradas insalubres em grau médio ou mínimo, quando apresentar atestado de saúde, emitido por médico de confiança da mulher, que recomende o afastamento durante a gestação;	REVOGADO
III — atividades consideradas insalubres em qualquer grau, quando apresentar atestado de saúde, emitido por médico de confiança da mulher, que recomende o afastamento durante a lactação.	REVOGADO
§ 1º vetado	
§ 2º Cabe à empresa pagar o adicional de insalubridade à gestante ou à lactante, efetivando-se a compensação, observado o disposto no art. 248 da Constituição Federal, por ocasião do recolhimento das contribuições incidentes sobre a folha de salários e demais rendimentos pagos ou creditados, a qualquer título, à pessoa física que lhe preste serviço.	§ 2º O exercício de atividades e operações insalubres em grau médio ou mínimo, pela gestante, somente será permitido quando ela, voluntariamente, apresentar atestado de saúde, emitido por médico de sua confiança, do sistema privado ou público de saúde, que autorize a sua permanência no exercício de suas atividades.
§ 3º Quando não for possível que a gestante ou a lactante afastada nos termos do *caput* deste artigo exerça suas atividades em local salubre na empresa, a hipótese será considerada como gravidez de risco e ensejará a percepção de salário-maternidade, nos termos da Lei n. 8.213, de 24 de julho de 1991, durante todo o período de afastamento. (NR)	§ 3º A empregada lactante será afastada de atividades e operações consideradas insalubres em qualquer grau quando apresentar atestado de saúde emitido por médico de sua confiança, do sistema privado ou público de saúde, que recomende o afastamento durante a lactação. (NR)

O art. 394-A fora criado em maio de 2016, pela Lei n. 13.287/2016, com a proibição total da gestante ou lactante laborar em ambiente insalubre:

> Art. 394-A. A empregada gestante ou lactante será afastada, enquanto durar a gestação e a lactação, de quaisquer atividades,

operações ou locais insalubres, devendo exercer suas atividades em local salubre.

A redação da Lei n. 13.467/2017 é alvo de severas críticas por permitir que a gestante ou lactante laborem em ambiente insalubre, nas condições especificadas nos incisos I a III do art. 394-A, contrariando totalmente o exposto na redação original do artigo. A MP n. 808/2017 veio de alguma forma buscar um "meio termo" entre essas situações literalmente opostas.

Pela Medida Provisória a gestante seria afastada de qualquer ambiente insalubre, deixando de receber o referido adicional. Poderá haver exceção, quando a gestante voluntariamente apresentar atestado de saúde emitido por médico de sua confiança, que a permita laborar em atividades de insalubridade grau médio ou mínimo. Assim, qualquer atividade nesses ambientes é proibida.

Em sentido oposto, a redação atualmente vigente, nos termos da Lei n. 13.467/2017, a empregada gestante não pode, em hipótese alguma, trabalhar em ambiente cuja insalubridade é considerada em seu grau máximo. Por outro lado, poderá laborar em ambiente cuja insalubridade é considerada em seu grau médio ou mínimo, salvo quando apresentar atestado médico que recomente o seu afastamento desse ambiente durante a gestação.

Vemos aqui uma importante alteração no que tange a insalubridade em grau médio e mínimo. Pela Medida Provisória, a gestante entregaria o atestado para poder continuar laborando no ambiente insalubre, de modo que a sua omissão resultaria no afastamento desse ambiente. Agora, retornando à redação original da Lei n. 13.467/2017, a omissão da gestante permite com que esta continue no ambiente insalubre, devendo apenas ser afastada se o médico assim determinar.

Por sua vez, a lactante poderá continuar laborando em ambiente insalubre em qualquer grau, salvo se esta apresentar atestado de saúde por médico de confiança da lactante, recomendando que ela seja afastada desse ambiente durante a lactação. Assim, a não apresentação do atestado permitirá a lactante trabalhar em ambiente insalubre de qualquer grau.

◈ ◈ ◈

Art. 396
Descanso para Amamentação

O art. 396 trata do intervalo para amamentação. A redação do *caput* e do § 1º foram mantidas. Ocorreu, na verdade, a inclusão do § 2º:

Art. 396. [...]

§ 1º [...]

§ 2º Os horários dos descansos previstos no *caput* deste artigo deverão ser definidos em acordo individual entre a mulher e o empregador. (NR)

Por meio deste instituto, a lactante deverá ter dois intervalos de trinta minutos cada para realizar a amamentação de seu filho. Entretanto, é notório, que nos grandes centros, esta situação é inviável. Muitas vezes a empregada labora a quilômetros de distância de sua residência, levando muito mais que trinta minutos apenas para chegar ao local.

Assim, o legislador incluiu o § 2º para estabelecer que as partes definam livremente como será feito este descanso, por meio de acordo individual, privilegiando a autonomia destas.

Cumpre esclarecer que não houve qualquer revogação do intervalo, a empresa ainda será obrigada a concedê-lo, mas a forma que o fará será acordada diretamente entre as partes. Assim, poderão ser observadas as peculiaridades de cada localidade, sem que haja uma imposição legal, que geraria um descontentamento.

◈ ◈ ◈

Art. 442-B
Empregado Autônomo

Lei n. 13.467/2017	MP n. 808/2017
Art. 442-B. A contratação do autônomo, cumpridas por este todas as formalidades legais, com ou sem exclusividade, de forma contínua ou não, afasta a qualidade de empregado prevista no art. 3º desta Consolidação.	Art. 442-B. A contratação do autônomo, cumpridas por este todas as formalidades legais, de forma contínua ou não, afasta a qualidade de empregado prevista no art. 3º desta Consolidação.
Inexistente	§ 1º É vedada a celebração de cláusula de exclusividade no contrato previsto no *caput*.

Inexistente	§ 2º Não caracteriza a qualidade de empregado prevista no art. 3º o fato de o autônomo prestar serviços a apenas um tomador de serviços.
Inexistente	§ 3º O autônomo poderá prestar serviços de qualquer natureza a outros tomadores de serviços que exerçam ou não a mesma atividade econômica, sob qualquer modalidade de contrato de trabalho, inclusive como autônomo.
Inexistente	§ 4º Fica garantida ao autônomo a possibilidade de recusa de realizar atividade demandada pelo contratante, garantida a aplicação de cláusula de penalidade prevista em contrato.
Inexistente	§ 5º Motoristas, representantes comerciais, corretores de imóveis, parceiros, e trabalhadores de outras categorias profissionais reguladas por leis específicas relacionadas a atividades compatíveis com o
Inexistente	contrato autônomo, desde que cumpridos os requisitos do *caput*, não possuirão a qualidade de empregado prevista o art. 3º.
Inexistente	§ 6º Presente a subordinação jurídica, será reconhecido o vínculo empregatício.
Inexistente	§ 7º O disposto no *caput* se aplica ao autônomo, ainda que exerça atividade relacionada ao negócio da empresa contratante. (NR)

Como pode ser observado, a Lei n. 13.467/2017 trouxe apenas um artigo tratando do trabalhador autônomo. Artigo este totalmente sem relevância, pois diz nada mais que o óbvio.

A contratação do trabalhador autônomo é lícita pela legislação desde que este não possua os requisitos do art. 3º da CLT (em especial a subordinação e pessoalidade). Por isso afirmamos que a redação original não disse mais do que o óbvio. O trabalhador autônomo pode ser contratado desde que inexista os requisitos para formação do vínculo empregatício. Em havendo esses requisitos formar-se-á vínculo empregatício com o seu empregador.

O *caput* prevê que a contratação do autônomo pode ser feita com ou sem exclusividade. Ora, a exclusividade não é requisito para o vínculo empregatício, nem para sua caracterização, nem para a sua descaracterização, sendo apenas um indício do vínculo empregatício, mas não requisito.

Por sua vez, a MP n. 808/2017 trazia uma extensa regulamentação sobre o tema. Uma das inovações da Medida Provisória foi a retirada da exclusividade, esta tinha sido proibida, conforme leitura do § 1º.

Outro ponto que vale ser destacado era que o trabalhador autônomo poderá se recusar a prestar determinadas atividades. Por não ser subordinado, não existe obrigatoriedade de cumprir todas as demandas que lhe forem exigidas. Porém, o tomador poderá aplicar cláusula de penalidade se estiver prevista em contrato.

Mesmo com este artigo sem vigência, é evidente que o empregado autônomo poderá recusar atividades. A autonomia é inerente a este contrato, caso o empregado seja obrigado a realizar todas as tarefas que lhe são solicitadas sem possibilidade de recusa, estaremos diante de uma clara subordinação.

O § 5º trazia um rol exemplificativo de profissões que poderão se utilizar desta modalidade de contratação, respeitando-se as leis específicas sobre o tema.

No que tange aos contratos de empregados autônomos celebrados durante a vigência da MP n. 808/2017, entendemos que estes podem ser aditados a fim de, por exemplo, estabelecer uma cláusula de exclusividade que antes era proibida, adaptando-se às modificações.

◆ ◆ ◆

Art. 444
Livre Estipulação

O *caput* do art. 444 da CLT trata da livre estipulação, ou da autonomia da vontade das partes em negociarem as condições contratuais naquilo que contraponha as normas coletivas, as decisões das autoridades e as normas de proteção ao trabalho. Na prática, poucos eram os assuntos que poderiam ser livremente estipulados entre as partes. Mas o parágrafo único trouxe inovações.

> "Art. 444. [...]
>
> **Parágrafo único.** A livre estipulação a que se refere o *caput* deste artigo aplica-se às hipóteses previstas no art. 611-A desta Consolidação, com a mesma eficácia legal e preponderância sobre os instrumentos coletivos, no caso de empregado portador de diploma de nível superior e que perceba salário mensal igual ou superior a duas vezes o limite máximo dos benefícios do Regime Geral de Previdência Social." (NR)

Este parágrafo recém incluído, diz que aqueles empregados com diploma de nível superior e com salário igual ou superior a duas vezes Regime Geral de Previdência Social (o que atualmente resulta em um valor de aproximadamente R$ 12.000,00) poderão negociar individualmente os direitos previstas no rol do art. 611-A, e esta negociação terá maior valor neste caso que as próprias convenções ou acordos coletivos. O valor para cálculo deverá ser o salário base do empregado.

A negociação realizada deverá observar os limites legais, não podendo as partes negociarem condições que se contraponham às normas de proteção ao trabalho, e deverão respeitar o rol dos arts. 611-A e 611-B.

O legislador buscou dar mais autonomia àqueles que, a seu ver, tem iguais condições de negociação perante o empregador. O intuito é louvável, pois em alguns casos, de fato existem empregados que podem livremente negociar suas condições de trabalho, mas não nos parece que aqueles que recebem R$ 12 mil reais estão em igualdade com seu empregador. Talvez o valor pudesse ser aumentado.

◈ ◈ ◈

Art. 448-A
Sucessão Empresarial

Já vimos a alteração proposta pela reforma no que tange a mudança do sócio (art. 10-A). Agora, analisaremos a sucessão de empresas que sofreu alteração pelo art. 448-A.

Art. 448-A. Caracterizada a sucessão empresarial ou de empregadores prevista nos arts. 10 e 448 desta Consolidação, as obrigações trabalhistas, inclusive as contraídas à época em que os empregados trabalhavam para a empresa sucedida, são de responsabilidade do sucessor.

Parágrafo único. A empresa sucedida responderá solidariamente com a sucessora quando ficar comprovada fraude na transferência.

O entendimento jurisprudencial dominante caminhava no sentido de que a responsabilização pelas dívidas trabalhistas era da empresa sucessora. Neste sentido, temos alguns julgados, bem como a própria OJ n. 225 da SBDI-1 do C. TST[1], que pode ser aplicada de forma análoga às sucessões empresariais.

A lei veio fixar este entendimento, atribuindo responsabilidade exclusiva do sucessor, retirando, portanto, qualquer responsabilidade do sucedido, salvo na hipótese de fraude, onde este responderá solidariamente com o sucessor.

O sucessor será responsável mesmo que as dívidas sejam oriundas da época da empresa sucedida, ou que o descumprimento legal também tenha ocorrido em época anterior. Cabendo apenas ação de regresso contra a empresa sucedida.

---

(1) OJ n. 225. CONTRATO DE CONCESSÃO DE SERVIÇO PÚBLICO. RESPONSABILIDADE TRABALHISTA (nova redação) — DJ 20.4.2005
Celebrado contrato de concessão de serviço público em que uma empresa (primeira concessionária) outorga a outra (segunda concessionária), no todo ou em parte, mediante arrendamento, ou qualquer outra forma contratual, a título transitório, bens de sua propriedade:
I — em caso de rescisão do contrato de trabalho após a entrada em vigor da concessão, a segunda concessionária, na condição de sucessora, responde pelos direitos decorrentes do contrato de trabalho, sem prejuízo da responsabilidade subsidiária da primeira concessionária pelos débitos trabalhistas contraídos até a concessão;
II — no tocante ao contrato de trabalho extinto antes da vigência da concessão, a responsabilidade pelos direitos dos trabalhadores será exclusivamente da antecessora.
OJ n. 225. CONTRATO DE CONCESSÃO DE SERVIÇO PÚBLICO. RESPONSABILIDADE TRABALHISTA (nova redação) — DJ 20.4.2005
Celebrado contrato de concessão de serviço público em que uma empresa (primeira concessionária) outorga a outra (segunda concessionária), no todo ou em parte, mediante arrendamento, ou qualquer outra forma contratual, a título transitório, bens de sua propriedade:
I — em caso de rescisão do contrato de trabalho após a entrada em vigor da concessão, a segunda concessionária, na condição de sucessora, responde pelos direitos decorrentes do contrato de trabalho, sem prejuízo da responsabilidade subsidiária da primeira concessionária pelos débitos trabalhistas contraídos até a concessão;
II — no tocante ao contrato de trabalho extinto antes da vigência da concessão, a responsabilidade pelos direitos dos trabalhadores será exclusivamente da antecessora.

Arts. 443 e 452-A, 452-B, 452-C, 452-D, 452-E, 452-F, 452-G e 452-H
Contrato de Trabalho Intermitente

O contrato de trabalho intermitente é outra das principais criações trazidas pela reforma trabalhista.

Lei n. 13.467/2017	MP n. 808/2017
Art. 443. O contrato individual de trabalho poderá ser acordado tácita ou expressamente, verbalmente ou por escrito, por prazo determinado ou indeterminado, ou para prestação de trabalho intermitente.	Mantida
§ 3º Considera-se como intermitente o contrato de trabalho no qual a prestação de serviços, com subordinação, não é contínua, ocorrendo com alternância de períodos de prestação de serviços e de inatividade, determinados em horas, dias ou meses, independentemente do tipo de atividade do empregado e do empregador, exceto para os aeronautas, regidos por legislação própria. (NR)	Mantida
Art. 452-A. O contrato de trabalho intermitente deve ser celebrado por escrito e deve conter especificamente o valor da hora de trabalho, que não pode ser inferior ao valor horário do salário mínimo ou àquele devido aos demais empregados do estabelecimento que exerçam a mesma função em contrato intermitente ou não.	Art. 452-A. O contrato de trabalho intermitente será celebrado por escrito e registrado na CTPS, ainda que previsto acordo coletivo de trabalho ou convenção coletiva, e conterá:

Inexistente	I — identificação, assinatura e domicílio ou sede das partes;
Inexistente	II — valor da hora ou do dia de trabalho, que não poderá ser inferior ao valor horário ou diário do salário mínimo, assegurada a remuneração do trabalho noturno superior à do diurno e observado o disposto no § 12; e
Inexistente	III — o local e o prazo para o pagamento da remuneração.
§ 1º O empregador convocará, por qualquer meio de comunicação eficaz, para a prestação de serviços, informando qual será a jornada, com, pelo menos, três dias corridos de antecedência.	Mantida
§ 2º Recebida a convocação, o empregado terá o prazo de um dia útil para responder ao chamado, presumindo-se, no silêncio, a recusa.	§ 2º Recebida a convocação, o empregado terá o prazo de vinte e quatro horas para responder ao chamado, presumida, no silêncio, a recusa.
§ 3º A recusa da oferta não descaracteriza a subordinação para fins do contrato de trabalho intermitente.	Mantida
§ 4º Aceita a oferta para o comparecimento ao trabalho, a parte que descumprir, sem justo motivo, pagará à outra parte, no prazo de trinta dias, multa de 50% (cinquenta por cento) da remuneração que seria devida, permitida a compensação em igual prazo.	REVOGADO

§ 5º O período de inatividade não será considerado tempo à disposição do empregador, podendo o trabalhador prestar serviços a outros contratantes.	REVOGADO
§ 6º Ao final de cada período de prestação de serviço, o empregado receberá o pagamento imediato das seguintes parcelas:	§ 6º Na data acordada para o pagamento, observado o disposto no § 11, o empregado receberá, de imediato, as seguintes parcelas:
I — remuneração;	Mantida
II — férias proporcionais com acréscimo de um terço;	Mantida
III — décimo terceiro salário proporcional;	Mantida
IV — repouso semanal remunerado; e	Mantida
V — adicionais legais.	Mantida
§ 7º O recibo de pagamento deverá conter a discriminação dos valores pagos relativos a cada uma das parcelas referidas no § 6º deste artigo.	Mantida
§ 8º O empregador efetuará o recolhimento da contribuição previdenciária e o depósito do Fundo de Garantia do Tempo de Serviço, na forma da lei, com base nos valores pagos no período mensal e fornecerá ao empregado comprovante do cumprimento dessas obrigações.	REVOGADO
§ 9º A cada doze meses, o empregado adquire direito a usufruir, nos doze meses subsequentes, um mês de férias, período no qual não poderá ser convocado para prestar serviços pelo mesmo empregador."	Mantida

Inexistente	§ 10. O empregado, mediante prévio acordo com o empregador, poderá usufruir suas férias em até três períodos, nos termos dos §§ 1º e 2º do art. 134.
Inexistente	§ 11. Na hipótese de o período de convocação exceder um mês, o pagamento das parcelas a que se referem o § 6º não poderá ser estipulado por período superior a um mês, contado a partir do primeiro dia do período de prestação de serviço.
Inexistente	§ 12. O valor previsto no inciso II do *caput* não será inferior àquele devido aos demais empregados do estabelecimento que exerçam a mesma função.
Inexistente	§ 13. Para os fins do disposto neste artigo, o auxílio-doença será devido ao segurado da Previdência Social a partir da data do início da incapacidade, vedada a aplicação do disposto § 3º do art. 60 da Lei n. 8.213, de 1991.
Inexistente	§ 14. O salário-maternidade será pago diretamente pela Previdência Social, nos termos do disposto no § 3º do art. 72 da Lei n. 8.213, de 1991.
Inexistente	§ 15. Constatada a prestação dos serviços pelo empregado, estarão satisfeitos os prazos previstos nos §§ 1º e 2º." (NR)
Inexistente	"Art. 452-B. É facultado às partes convencionar por meio do contrato de trabalho intermitente:
Inexistente	I — locais de prestação de serviços;

Inexistente	II — turnos para os quais o empregado será convocado para prestar serviços;
Inexistente	III — formas e instrumentos de convocação e de resposta para a prestação de serviços;
Inexistente	IV — formato de reparação recíproca na hipótese de cancelamento de serviços previamente agendados nos termos dos §§ 1º e 2º do art. 452-A." (NR)
Inexistente	Art. 452-C. Para fins do disposto no § 3º do art. 443, considera-se período de inatividade o intervalo temporal distinto daquele para o qual o empregado intermitente haja sido convocado e tenha prestado serviços nos termos do § 1º do art. 452-A.
Inexistente	§ 1º Durante o período de inatividade, o empregado poderá prestar serviços de qualquer natureza a outros tomadores de serviço, que exerçam ou não a mesma atividade econômica, utilizando contrato de trabalho intermitente ou outra modalidade de contrato de trabalho.
Inexistente	§ 2º No contrato de trabalho intermitente, o período de inatividade não será considerado tempo à disposição do empregador e não será remunerado, hipótese em que restará descaracterizado o contrato de trabalho intermitente caso haja remuneração por tempo à disposição no período de inatividade. (NR)

Inexistente	Art. 452-D. Decorrido o prazo de um ano sem qualquer convocação do empregado pelo empregador, contado a partir da data da celebração do contrato, da última convocação ou do último dia de prestação de serviços, o que for mais recente, será considerado rescindido de pleno direito o contrato de trabalho intermitente. (NR)
Inexistente	Art. 452-E. Ressalvadas as hipóteses a que se referem os arts. 482 e 483, na hipótese de extinção do contrato de trabalho intermitente serão devidas as seguintes verbas rescisórias:
Inexistente	I — pela metade:
Inexistente	a) o aviso-prévio indenizado, calculado conforme o art. 452-F; e
Inexistente	b) a indenização sobre o saldo do Fundo de Garantia do Tempo de Serviço — FGTS, prevista no § 1º do art. 18 da Lei n. 8.036, de 11 de maio de 1990; e
Inexistente	II — na integralidade, as demais verbas trabalhistas.
Inexistente	§ 1º A extinção de contrato de trabalho intermitente permite a movimentação da conta vinculada do trabalhador no FGTS na forma do inciso I-A do art. 20 da Lei n. 8.036, de 1990, limitada a até oitenta por cento do valor dos depósitos.
Inexistente	§ 2º A extinção do contrato de trabalho intermitente a que se refere este artigo não autoriza o ingresso no Programa de Seguro-Desemprego. (NR)

Inexistente	Art. 452-F. As verbas rescisórias e o aviso-prévio serão calculados com base na média dos valores recebidos pelo empregado no curso do contrato de trabalho intermitente.
Inexistente	§ 1º No cálculo da média a que se refere o *caput*, serão considerados apenas os meses durante os quais o empregado tenha recebido parcelas remuneratórias no intervalo dos últimos doze meses ou o período de vigência do contrato de trabalho intermitente, se este for inferior.
Inexistente	§ 2º O aviso-prévio será necessariamente indenizado, nos termos dos §§ 1º e 2º do art. 487. (NR)
Inexistente	Art. 452-G. Até 31 de dezembro de 2020, o empregado registrado por meio de contrato de trabalho por prazo indeterminado demitido não poderá prestar serviços para o mesmo empregador por meio de contrato de trabalho intermitente pelo prazo de dezoito meses, contado da data da demissão do empregado. (NR)
Inexistente	Art. 452-H. No contrato de trabalho intermitente, o empregador efetuará o recolhimento das contribuições previdenciárias próprias e do empregado e o depósito do FGTS com base nos valores pagos no período mensal e fornecerá ao empregado comprovante do cumprimento dessas obrigações, observado o disposto no art. 911-A. (NR)

Uma das maiores novidades da reforma e também das mais criticadas, é a do trabalho intermitente. O legislador reformista coloca o trabalho intermitente como um dos meios de contratação previstas no art. 443 da CLT, ao lado da forma e do prazo já anteriormente previstos, o que mostra uma grande impropriedade, pois a intermitência não é forma do contrato e nem prazo, mas um tipo de contrato que, como se verá, deve ser celebrado por escrito e por prazo indeterminado.

Na doutrina já se discutia bem antes da reforma, se o contrato de trabalho poderia ser suspenso durante certo tempo naquelas atividades sazonais, como em hotéis em regiões de férias (praia, campo e montanhas). Ocorre que antes da inovação legal, para se suspender o trabalho seria necessária a concordância do empregado.

Era muito comum em regiões de veraneio, que trabalhadores fossem contratados sem formalização do contrato, para desempenharem suas atividades durante o período do verão, sendo em seguida dispensados, o que, muitas vezes, tais trabalhadores buscavam a Justiça do Trabalho para verem reconhecido seu direito a anotação em CTPS e os demais direitos trabalhistas. Na maior parte dos processos chegava-se a um acordo, e no verão seguinte o mesmo trabalhador era contratado da mesma forma, buscando ao final do período de verão a Justiça do Trabalho, celebrava acordo e assim continuava esse círculo vicioso.

Portanto, nosso entendimento, é o de que o contrato intermitente chega tardiamente em nosso ordenamento jurídico, pois será excelente instrumento de pacificação social.

Claro que tal contratação poderá ser exercida fraudulentamente, mas isso, caso ocorra, exigirá atitudes dos órgão governamentais, seja os administrativos quanto os judiciais, para rechaçar e punir eventuais desvios na aplicação da lei.

Vamos à análise da lei.

O legislador conceitua o trabalho intermitente no § 3º do art. 443, afirmando que trabalho intermitente é aquele que não tem continuidade, embora subordinado.

O legislador afasta a continuidade como fator de caracterização da existência de relação de emprego, como previsto no art. 3º da CLT. Todavia, coube a doutrina flexibilizar o entendimento de continuidade ali previsto. Entendemos que trabalho contínuo pode ser aquele prestado de forma não eventual dentro do que for pactuado. Logo, não perde a continuidade um trabalho constante que se executa mensalmente, por exemplo, como ocorre com a atividade docente ou até mesmo médicos plantonistas.

Portanto, não entendemos a razão de tantos ataques à essa forma de contratação. Tais ataques, com todo o respeito, são movidos mais por convicções ideológicas do que jurídicas.

Analisemos os requisitos para a celebração dessa forma de contratação.

— Contrato escrito, pois as condições de trabalho devem ser claras e objetivas, não dando margem a que o trabalhador alegue desconhecimento Na MP n. 808/17, trazia desnecessário indicativo da lei de que dito pacto fosse registrado em CTPS.

— No contrato deve constar o valor da hora trabalhada, nunca inferior ao salário mínimo horário, com garantia do pagamento, se maior que este, do salário devido aos demais empregados do estabelecimento que exerçam a mesma função do trabalhador contratado por contrato de trabalho intermitente.

— Deverá o empregador convocar o empregado para que exerça suas funções, com, pelo menos, antecedência de três dias corridos. Medida salutar, mas poderia ser um pouco maior esse prazo, pois o empregado poderá estar prestando serviços a outra empresa, como empregado ou não, e não poder aquiescer ao chamado.

— Recebida a convocação, o empregado terá o prazo de um dia para responder se aceita ou não, sendo que no silêncio presume-se que recusou. A lei não informa como seria esse chamado, limitando-se a afirmar "por qualquer meio de comunicação", ou seja, até mesmo um aviso de um colega de trabalho do empregado ou qualquer outra pessoa. Telegrama, e-mail e carta deverão ser os meios mais utilizados.

— A lei ainda afirma que a recusa do empregado não descaracteriza a subordinação, elemento inerente ao contrato de trabalho. Com isso, se protege o trabalhador e ao mesmo tempo mantém-se que se trata de uma relação de emprego.

— A lei também deixou claro que o período sem trabalho, ou seja de suspensão não será considerado tempo à disposição do empregador.

— O § 6º declara que o empregado deverá receber ao final do período da prestação de serviço a remuneração; férias proporcionais com acréscimo de um terço; décimo terceiro salário proporcional; repouso semanal remunerado; e adicionais legais. A medida é salutar, mas o empregado perde seus ganhos nos períodos próprios de férias e do 13º salário, isto é, não terá ganhos no final do ano e nem em seu período de descanso anula, e como se sabe, dinheiro na mão é vendaval, ninguém guarda, até porque não se está falando de fortuna, mas de singelos valores de salário.

— O recibo de pagamento deverá trazer especificados os valores de cada verba paga ao empregado.

— O empregador recolherá os valores de FGTS e INSS devidos, tendo de fornecer cópias ao empregado. Burocrática, mas salutar determinação que protege o empregado e lhe dá tranquilidade por saber que essas obrigações estão sendo cumpridas.

— Quanto as férias, o empregado não poderá ser convocado para trabalhar após um período de 12 meses de trabalho. Aqui temos o problema acima, ou seja, não terá dinheiro para gastar nas férias.

— O valor do salário previsto no inciso II, não poderá ser inferior ao devido aos empregados do mesmo estabelecimento que exerçam as mesmas funções. Trata-se de obediência ao princípio da isonomia.

◊   ◊   ◊

Art. 456-A
Uniforme

A CLT passou a conter normativo sobre a utilização de uniforme em seu art. 456-A:

> Art. 456-A. Cabe ao empregador definir o padrão de vestimenta no meio ambiente laboral, sendo lícita a inclusão no uniforme de logomarcas da própria empresa ou de empresas parceiras e de outros itens de identificação relacionados à atividade desempenhada.
>
> Parágrafo único. A higienização do uniforme é de responsabilidade do trabalhador, salvo nas hipóteses em que forem necessários procedimentos ou produtos diferentes dos utilizados para a higienização das vestimentas de uso comum.

O empregador pode definir o modo de vestimenta de seus empregados. Sendo permitida a utilização de uniforme. Este poderá conter qualquer logomarca, da própria empresa ou mesmo de terceiros, ou ainda qualquer outro item de identificação da atividade, como escritas ou desenhos. Entendemos que o uniforme inclusive poderá conter anúncios de terceiros.

Entretanto, é vedado qualquer utilização de uniformes vexatórios ou que podem causar humilhação ao empregado, ainda que relacionado à atividade do empregador. Devendo este ter cautela com a forma de padronização da vestimenta.

Além disso, a limpeza dos uniformes deverá ser feita pelo próprio empregado. Este dispositivo é uma resposta à jurisprudência que tendia a decidir pelo reembolso das despesas com a lavagem do uniforme. Assim, este ônus passou a ser atribuído ao próprio empregado, não fazendo jus a qualquer reembolso. Salvo na hipótese do uniforme necessitar de alguma limpeza especial. Neste caso a responsabilidade pela lavagem continuará sendo do empregador.

◆ ◆ ◆

Arts. 457 e 458
Remuneração e Salário

Lei n. 13.467/2017	MP n. 808/2017
Art. 457. [...]	Art. 457. [...]
§ 1º Integram o salário a importância fixa estipulada, as gratificações legais e as comissões pagas pelo empregador.	§ 1º Integram o salário a importância fixa estipulada, as gratificações legais e de função e as comissões pagas pelo empregador.
§ 2º As importâncias, ainda que habituais, pagas a título de ajuda de custo, auxílio-alimentação, vedado seu pagamento em dinheiro, diárias para viagem, prêmios e abonos não integram a remuneração do empregado, não se incorporam ao contrato de trabalho e não constituem base de incidência de qualquer encargo trabalhista e previdenciário.	§ 2º As importâncias, ainda que habituais, pagas a título de ajuda de custo, limitadas a cinquenta por cento da remuneração mensal, o auxílio-alimentação, vedado o seu pagamento em dinheiro, as diárias para viagem e os prêmios não integram a remuneração do empregado, não se incorporam ao contrato de trabalho e não constituem base de incidência de encargo trabalhista e previdenciário.

[...]	
§ 4º Consideram-se prêmios as liberalidades concedidas pelo empregador em forma de bens, serviços ou valor em dinheiro a empregado ou a grupo de empregados, em razão de desempenho superior ao ordinariamente esperado no exercício de suas atividades. (NR)	Mantida
Inexistente	§ 12. A gorjeta a que se refere o § 3º não constitui receita própria dos empregadores, destina-se aos trabalhadores e será distribuída segundo os critérios de custeio e de rateio definidos em convenção coletiva ou acordo coletivo de trabalho.
Inexistente	§ 13. Se inexistir previsão em convenção coletiva ou acordo coletivo de trabalho, os critérios de rateio e distribuição da gorjeta e os percentuais de retenção previstos nos §§ 14 e 15 serão definidos em assembleia geral dos trabalhadores, na forma estabelecida no art. 612.
Inexistente	§ 14. As empresas que cobrarem a gorjeta de que trata o § 3º deverão:
Inexistente	I — quando inscritas em regime de tributação federal diferenciado, lançá-la na respectiva nota de consumo, facultada a retenção de até vinte por cento da arrecadação correspondente, mediante previsão em convenção coletiva ou acordo coletivo de trabalho, para custear os encargos sociais, previdenciários e trabalhistas derivados da sua integração à remuneração dos empregados, hipótese em que o valor remanescente deverá ser revertido integralmente em favor do trabalhador;

Inexistente	II — quando não inscritas em regime de tributação federal diferenciado, lançá-la na respectiva nota de consumo, facultada a retenção de até trinta e três por cento da arrecadação correspondente, mediante previsão em convenção coletiva ou acordo coletivo de trabalho, para custear os
Inexistente	encargos sociais, previdenciários e trabalhistas derivados da sua integração à remuneração dos empregados, hipótese em que o valor remanescente deverá ser revertido integralmente em favor do trabalhador; e
Inexistente	III — anotar na CTPS e no contracheque de seus empregados salário contratual fixo e o percentual percebido a título de gorjeta.
Inexistente	§ 15. A gorjeta, quando entregue pelo consumidor diretamente ao empregado, terá seus critérios definidos em convenção coletiva ou acordo coletivo de trabalho, facultada a retenção nos parâmetros estabelecidos no § 14.
Inexistente	§ 16. As empresas anotarão na CTPS de seus empregados o salário fixo e a média dos valores das gorjetas referente aos últimos doze meses.
Inexistente	§ 17. Cessada pela empresa a cobrança da gorjeta de que trata o § 3º, desde que cobrada por mais de doze meses, essa se incorporará ao salário do empregado, a qual terá como base a média dos últimos doze meses, sem prejuízo do estabelecido em convenção coletiva ou acordo coletivo de trabalho.

Inexistente	§ 18. Para empresas com mais de sessenta empregados, será constituída comissão de empregados, mediante previsão em convenção coletiva ou acordo coletivo de trabalho, para acompanhamento e fiscalização
Inexistente	da regularidade da cobrança e distribuição da gorjeta de que trata o § 3º, cujos representantes serão eleitos em assembleia geral convocada para esse fim pelo sindicato laboral e gozarão de garantia de emprego vinculada ao desempenho das funções para que foram eleitos, e, para as demais empresas, será constituída comissão intersindical para o referido fim.
Inexistente	§ 19. Comprovado o descumprimento ao disposto nos §§ 12, 14, 15 e 17, o empregador pagará ao trabalhador prejudicado, a título de multa, o valor correspondente a um trinta avos da média da gorjeta por dia de atraso, limitada ao piso da categoria, assegurados, em qualquer hipótese, o princípio do contraditório e da ampla defesa.
Inexistente	§ 20. A limitação prevista no § 19 será triplicada na hipótese de reincidência do empregador.
Inexistente	§ 21. Considera-se reincidente o empregador que, durante o período de doze meses, descumprir o disposto nos §§ 12, 14, 15 e 17 por período superior a sessenta dias.
Inexistente	§ 22. Consideram-se prêmios as liberalidades concedidas pelo empregador, até duas vezes ao ano, em forma de bens, serviços ou valor em dinheiro, a empregado, grupo de empregados ou terceiros vinculados à sua atividade econômica em razão de desempenho superior ao ordinariamente esperado no exercício de suas atividades.

	§ 23. Incidem o imposto sobre a renda e quaisquer outros encargos tributários sobre as parcelas referidas neste artigo, exceto aquelas expressamente isentas em lei específica. (NR)
Art. 458. [...]	Art. 458. [...]
Inexistente	§ 5º O valor relativo à assistência prestada por serviço médico ou odontológico, próprio ou não, inclusive o reembolso de despesas com medicamentos, óculos, aparelhos ortopédicos, próteses, órteses, despesas médico-hospitalares e outras similares, mesmo quando concedido em diferentes modalidades de planos e coberturas, não integram o salário do empregado para qualquer efeito nem o salário de contribuição, para efeitos do previsto na alínea *q* do § 9º do art. 28 da Lei n. 8.212, de 24 de julho de 1991. (NR)

A Lei n. 13.467/2017 incluiu como salário as gratificações legais e as comissões pagas pelo empregador.

A lei não entende ter natureza jurídica salarial as parcelas de ajuda de custo, e inclui neste rol de não reconhecimento de natureza salarial o auxílio-alimentação, vedado o seu pagamento em dinheiro, as diárias para viagem e os prêmios e abonos, e ainda afirma que não constituem base de incidência de encargo trabalhista e previdenciário.

Quanto aos prêmios, a lei sepultou discussão que sempre reinou na doutrina e jurisprudência quanto à natureza jurídica destes, pois deixou claro que não se constituem em salário e definiu o que vem a ser prêmio, afirmando que prêmios são liberalidades concedidas pelo empregador em forma de bens, serviços ou valor em dinheiro a empregado ou a grupo de empregados, em razão de desempenho superior ao ordinariamente esperado no exercício de suas atividades. Claro que estará sob a vigilância dos órgãos de fiscalização e até mesmo da Justiça do Trabalho, as situações nas quais possam os prêmios serem utilizados como forma de fraudar a lei.

Outro ponto que a lei deixou claro e sem margens a discussões, é o relativo às gorjetas, afirmando que tais valores pertencem aos empregados e os critérios de rateio e custeio serão definidos por normas coletivas.

As gorjetas continuam tendo natureza jurídica de remuneração.

Não havendo previsão em convenção ou acordo coletivo, os critérios de rateio e distribuição da gorjeta e os percentuais de retenção previstos nos §§ 14 e 15 serão definidos em assembleia geral dos trabalhadores, na forma estabelecida no art. 612 da CLT. Na realidade, os sindicatos profissionais serão diligentes no sentido de se buscar a proteção dos trabalhadores, e entendemos que dificilmente esse assunto será resolvido em assembleias nas empresas.

A lei trouxe duas distinções quanto ao enquadramento das empresas para o pagamento das gorjetas.

A primeira é para aquelas empresas inscritas no regime de tributação federal diferenciado, que deverão lançar o valor das gorjetas na nota de consumo, podendo, ainda, reter até vinte por cento da arrecadação correspondente, desde que haja previsão em norma coletiva (convenção ou acordo), para custear os encargos sociais, previdenciários e trabalhistas derivados da sua integração à remuneração dos empregados, e a diferença será revertida integralmente para o trabalhador.

Quando não inscritas em regime de tributação federal diferenciado, as gorjetas deverão também ser lançadas na nota de consumo, só que poderá reter até 33% do valor da arrecadação, desde que previsto em norma coletiva, para custear os mesmos encargos acima descritos.

O percentual das gorjetas deverá ser anotado na CTPS e no contracheque dos trabalhadores, além do salário fixo.

O § 3º do art. 457 da CLT, com a redação dada pela Lei n. 13.419/2017, conceitua gorjeta "não só a importância dada espontaneamente pelo cliente ao empregado", mas também o valor cobrado pela empresa destinado aos empregados.

O art. 458 da CLT, trata do chamado salário utilidade ou salário indireto. A nova lei reafirma o que já constava do § 2º, IV, quanto a não ter natureza jurídica salarial os benefícios de assistência médica e odontológica, agora afirmando própria ou não, e acrescentou também a esse rol o reembolso de despesas com medicamentos, óculos, aparelhos ortopédicos, próteses, órteses, despesas médico-hospitalares e outras similares, mesmo quando concedido em diferentes modalidades de planos e coberturas.

Para alguns doutrinadores, a exclusão anterior já feria a Convenção n. 95 da OIT, ou seja, para tais defensores dessa tese a atual mudança também deverá ter a mesma conclusão.

Assim afirma a Convenção n. 95:

> Art. 1º para os fins da presente Convenção, o termo 'salário' significa, qualquer que seja a denominação ou o modo de cálculo, a remuneração ou os ganhos suscetíveis de serem avaliados em espécie ou fixados por acordo ou pela legislação nacional, que são devidos em virtude de um contrato de aluguel de serviços, escrito ou verbal, por um empregador a um trabalhador, seja por trabalho efetuado, ou pelo que deverá ser efetuado, seja por serviços prestados ou que devam ser prestados.

Ressalte-se que o Brasil firmou essa convenção.

Nosso entendimento sempre foi no sentido de que não há nenhuma contrariedade à Convenção n. 95 da OIT, pois a lei brasileira vem trazer um grande benefício social aos trabalhadores, pois pensamos que os empregadores em sua maioria não forneceriam tais benefícios se estes tivessem natureza jurídica salarial.

◆ ◆ ◆

Art. 461
Equiparação Salarial

O art. 461 passou a ter seguinte redação:

> Art. 461. Sendo idêntica a função, a todo trabalho de igual valor, prestado ao mesmo empregador, no mesmo estabelecimento empresarial, corresponderá igual salário, sem distinção de sexo, etnia, nacionalidade ou idade.
>
> § 1º Trabalho de igual valor, para os fins deste Capítulo, será o que for feito com igual produtividade e com a mesma perfeição técnica, entre pessoas cuja diferença de tempo de serviço para o mesmo empregador não seja superior a quatro anos e a diferença de tempo na função não seja superior a dois anos.
>
> § 2º Os dispositivos deste artigo não prevalecerão quando o empregador tiver pessoal organizado em quadro de carreira ou adotar, por meio de norma interna da empresa ou de negociação coletiva, plano de cargos e salários, dispensada qualquer forma de homologação ou registro em órgão público.

§ 3º No caso do § 2º deste artigo, as promoções poderão ser feitas por merecimento e por antiguidade, ou por apenas um destes critérios, dentro de cada categoria profissional.

[...]

§ 5º A equiparação salarial só será possível entre empregados contemporâneos no cargo ou na função, ficando vedada a indicação de paradigmas remotos, ainda que o paradigma contemporâneo tenha obtido a vantagem em ação judicial própria.

§ 6º No caso de comprovada discriminação por motivo de sexo ou etnia, o juízo determinará, além do pagamento das diferenças salariais devidas, multa, em favor do empregado discriminado, no valor de 50% (cinquenta por cento) do limite máximo dos benefícios do Regime Geral de Previdência Social. (NR)

A equiparação salarial foi outro instituto que sofreu relevantes alterações.

Com relação aos requisitos para caracterizar a equiparação salarial, tínhamos antes da reforma a necessidade de: a) idêntica função; b) mesmo empregador; c) igual valor; d) mesma localidade e; e) diferença na função menor que dois anos.

A partir da nova redação do art. 461 e seus parágrafos tivemos algumas modificações quanto ao critério de caracterização de equiparação.

A idêntica função foi mantida, de modo que as partes devem exercer as mesmas atividades; o empregador também deve ser comum; o trabalho também deve ter igual valor, mantendo-se o critério de igual produtividade e mesma perfeição técnica.

Por sua vez tivemos mudança com relação à localidade. Antes, a jurisprudência fixou o critério de localidade no item X da Súmula n. 6 do TST, assim definido:

> X — O conceito de "mesma localidade" de que trata o art. 461 da CLT refere-se, em princípio, ao mesmo município, ou a municípios distintos que, comprovadamente, pertençam à mesma região metropolitana. (ex-OJ da SBDI-1 n. 252 — inserida em 13.3.2002)

A partir de agora, não tratamos mais de "mesma localidade", mas sim de mesmo estabelecimento empresarial, que é o efetivo local de trabalho do empregado. Assim, o paradigma deverá laborar no mesmo local físico do paragonado.

Entretanto, a definição de "estabelecimento" prevista no Código Civil, em seu art. 1.142 acaba sendo muito mais ampla, pois abrange todos os complexos de bens da empresa:

> Art. 1.142. Considera-se estabelecimento todo complexo de bens organizado, para exercício da empresa, por empresário, ou por sociedade empresária.

Assim, não será surpresa decisões com a aplicação deste dispositivo para conceder uma eventual equiparação salarial. Mesmo entendendo que o conceito buscado pelo legislador seria de restringir ao mesmo local do serviço, a imprecisão técnica poderá dar margens à aplicação da norma civilista, e com isso uma interpretação extensiva de seu conceito.

Além disso, temos também o critério temporal. Como dito, antes era exigido a diferença de até dois anos na função, conforme entendimento do item II da Súmula n. 6 do TST:

> II — Para efeito de equiparação de salários em caso de trabalho igual, conta-se o tempo de serviço na função e não no emprego. (ex-Súmula n. 135 — RA 102/1982, DJ 11.10.1982 e DJ 15.10.1982)

Contrapondo o entendimento sumulado do C. TST, o legislador fixou que cumulativamente, o paradigma e o paragonado deverão ter entre si menos de dois anos na função, e não poderá existir diferença superior a quatro anos dentro da empresa.

O legislador proporcionou a possibilidade daquele empregado que mesmo que labore em idêntica função, mas possui um longo período dentro da empresa perceba remuneração superior ao colega, isso porque se presume que por laborar a tanto tempo naquela empresa, ele tem um conhecimento específico sobre as atividades desempenhadas.

Na hipótese de o empregador ter o quadro de carreira ou plano de cargos, não será cabível pleitear equiparação salarial. Cumpre esclarecer, ainda, que em contraponto ao entendimento do item I da Súmula n. 6 do TST[2], passa a ser dispensável qualquer registro ou homologação do quadro de carreira, inclusive quando feito por norma interna ou negociação coletiva.

Além disso, as promoções não deverão ser feitas de forma alternadas por merecimento ou antiguidade. Estes continuarão a ser os critérios de promoção,

---

(2) I — Para os fins previstos no § 2º do art. 461 da CLT, só é válido o quadro de pessoal organizado em carreira quando homologado pelo Ministério do Trabalho, excluindo-se, apenas, dessa exigência o quadro de carreira das entidades de direito público da administração direta, autárquica e fundacional aprovado por ato administrativo da autoridade competente. (ex-Súmula n. 6 — alterada pela Res. n. 104/2000, DJ 20.12.2000)

mas o empregador poderá optar por utilizá-los cumulativamente ou utilizar apenas um deles.

O § 4º não teve alterações, mantendo-se o entendimento de que o trabalhador readaptado por motivo de deficiência física ou mental não pode servir de paradigma para pleitear equiparação salarial.

Já o § 5º acaba com a equiparação em cascata, contrapondo, novamente, o disposto na Súmula n. 6 do C. TST[3], isso porque o paradigma e o paragonado devem ser contemporâneos na empresa, e preencherem todos os critérios aqui expostos.

Por fim, o § 6º é uma conquista aos empregados. Caso haja discriminação, ou seja, que algum empregado perceba remuneração inferior, ou não seja promovido em razão de sexo ou etnia, o magistrado deverá aplicar uma multa em favor do empregado no montante de 50% do limite dos benefícios do Regime Geral da Previdência Social.

◈ ◈ ◈

Art. 468
Alteração do Contrato de Trabalho

O art. 468 teve a inclusão do § 2º:

"Art. 468. [...]

§ 1º [...]

§ 2º A alteração de que trata o § 1º deste artigo, com ou sem justo motivo, não assegura ao empregado o direito à manutenção do pagamento da gratificação correspondente, que não será incorporada,

---

(3) VI — Presentes os pressupostos do art. 461 da CLT, é irrelevante a circunstância de que o desnível salarial tenha origem em decisão judicial que beneficiou o paradigma, exceto: a) se decorrente de vantagem pessoal ou de tese jurídica superada pela jurisprudência de Corte Superior; b) na hipótese de equiparação salarial em cadeia, suscitada em defesa, se o empregador produzir prova do alegado fato modificativo, impeditivo ou extintivo do direito à equiparação salarial em relação ao paradigma remoto, considerada irrelevante, para esse efeito, a existência de diferença de tempo de serviço na função superior a dois anos entre o reclamante e os empregados paradigmas componentes da cadeia equiparatória, à exceção do paradigma imediato.

independentemente do tempo de exercício da respectiva função." (NR)

O art. 468 trata da possibilidade de alteração contratual proposta pelas partes, já o parágrafo único (que passou a ser o § 1º) trata da retomada da função do empregado detentor de cargo de confiança para o cargo efetivo, anteriormente ocupado.

Esta mudança parece uma resposta direta ao teor da Súmula n. 372 do TST:

> Súmula n. 372 do TST
>
> GRATIFICAÇÃO DE FUNÇÃO. SUPRESSÃO OU REDUÇÃO. LIMITES (conversão das Orientações Jurisprudenciais ns. 45 e 303 da SBDI-1) — Res. n. 129/2005, DJ 20, 22 e 25.4.2005
>
> I — Percebida a gratificação de função por dez ou mais anos pelo empregado, se o empregador, sem justo motivo, revertê-lo a seu cargo efetivo, não poderá retirar-lhe a gratificação tendo em vista o princípio da estabilidade financeira. (ex-OJ n. 45 da SBDI-1 — inserida em 25.11.1996)
>
> II — Mantido o empregado no exercício da função comissionada, não pode o empregador reduzir o valor da gratificação. (ex-OJ n. 303 da SBDI-1 — DJ 11.8.2003)

Com a inovação trazida pela reforma, a retomada do cargo anterior faz com que o empregado deixe de receber qualquer gratificação correspondente à função de confiança, já que passará a deixar de exercê-la.

A parte final é clara ao afirmar que independe do tempo na respectiva função, contrariando expressamente o item I da súmula supracitada.

◈ ◈ ◈

Art. 477
Rescisão do Contrato de Trabalho

O art. 477 foi outro dispositivo que sofreu importante modificação:

> "Art. 477. Na extinção do contrato de trabalho, o empregador deverá proceder à anotação na Carteira de Trabalho e Previdência Social,

comunicar a dispensa aos órgãos competentes e realizar o pagamento das verbas rescisórias no prazo e na forma estabelecidos neste artigo.

§ 1º (Revogado).

[...]

§ 3º (Revogado).

§ 4º O pagamento a que fizer jus o empregado será efetuado:

> I — em dinheiro, depósito bancário ou cheque visado, conforme acordem as partes; ou
>
> II — em dinheiro ou depósito bancário quando o empregado for analfabeto.

[...]

§ 6º A entrega ao empregado de documentos que comprovem a comunicação da extinção contratual aos órgãos competentes bem como o pagamento dos valores constantes do instrumento de rescisão ou recibo de quitação deverão ser efetuados até dez dias contados a partir do término do contrato.

> a) (revogada);
>
> b) (revogada).

§ 7º (Revogado).

[...]

§ 10. A anotação da extinção do contrato na Carteira de Trabalho e Previdência Social é documento hábil para requerer o benefício do seguro-desemprego e a movimentação da conta vinculada no Fundo de Garantia do Tempo de Serviço, nas hipóteses legais, desde que a comunicação prevista no *caput* deste artigo tenha sido realizada." (NR)

O *caput* deste artigo foi devidamente atualizado. A redação anterior era muito diferente da atual, tratando apenas de indenização em caso de rompimento contratual, superada pela instituição do regime do FGTS. Agora, o legislador trata da rescisão contratual propriamente dita, deixando claro que o empregador deve proceder com as anotações na CTPS, bem como a comunicação aos órgãos competentes e o pagamento das verbas rescisórias.

A revogação dos parágrafos primeiro, terceiro e sétimo retiram do sindicato a atribuição de homologação, ou ainda a necessidade desta assistência pelo Ministério Público do Trabalho, do Defensor Público ou do Juiz de Paz.

A partir de agora é desnecessária qualquer homologação. Na forma estabelecida, basta que o empregador anote a carteira do empregado, pague as verbas rescisórias corretamente e no prazo, faça as entregas das guias.

O legislador retirou a necessidade de se homologar, pois esta não tinha qualquer eficácia prática. De modo que mesmo realizando o procedimento, diversos empregados buscavam a revisão da quantia recebida no Poder Judiciário. Além disso, houve uma desburocratização para recebimento do seguro-desemprego e do levantamento do FGTS, facilitando que o empregado levante estas quantias.

Na prática este procedimento já tem se mostrado eficaz, pois os empregados não têm tido qualquer problema com o levantamento do FGTS. Mostrando que os órgãos competentes já se adaptaram à mudança.

Por fim, houve também a unificação dos prazos. A partir de agora o prazo para pagamento será de até dez dias corridos do fim do contrato, podendo este ser feito em dinheiro, depósito bancário ou cheque. Esta última forma apenas se o empregado for alfabetizado.

Quanto ao prazo de pagamento, este deverá ser feito em dez dias do fim do contrato, quando o aviso prévio for indenizado, ou na hipótese de aviso-prévio trabalho, em dez dias do último dia de trabalho.

◈ ◈ ◈

Art. 477-A
Dispensa Coletiva

O art. 477-A foi mais uma inovação trazida pelo legislador:

> "Art. 477-A. As dispensas imotivadas individuais, plúrimas ou coletivas equiparam-se para todos os fins, não havendo necessidade de autorização prévia de entidade sindical ou de celebração de convenção coletiva ou acordo coletivo de trabalho para sua efetivação."

Por meio deste novo artigo, as dispensas plúrimas e coletivas são equiparadas à dispensa individual, ou seja, não necessitam de qualquer autorização para serem realizadas. Basta a vontade do empregador, não precisando de qualquer motivação para tanto.

Em que pese este dispositivo seja contrário à Convenção n. 158 da OIT, é importante destacar que não há inconstitucionalidade, já que esta não está mais ratificada pelo Brasil.

Além disso, o art. 7º, inciso I, da Constituição Federal[4] carece de regulamentação, e ainda, entendemos que o aviso prévio já é uma forma de cumprir os preceitos do dispositivo constitucional.

◈ ◈ ◈

Art. 477-B
Plano de Demissão Voluntária

O Plano de Demissão Voluntária — PDV já foi fruto de ação perante o STF (RE 590415), cuja decisão o legislador teve a cautela de positivar na reforma trabalhista.

> Art. 477-B. Plano de Demissão Voluntária ou Incentivada, para dispensa individual, plúrima ou coletiva, previsto em convenção coletiva ou acordo coletivo de trabalho, enseja quitação plena e irrevogável dos direitos decorrentes da relação empregatícia, salvo disposição em contrário estipulada entre as partes.

Por meio do PDV, para qualquer tipo de dispensa (individual, plúrima ou coletiva) o empregado dará a quitação total dos direitos decorrentes da relação empregatícia extinta. Cumpre reiterar que o STF considerou válida esta quitação.

Neste sentido, o legislador buscou positivar a matéria, deixando expressa a necessidade de que o PDV fosse realizado juntamente com o sindicato. Assim, este conseguiria buscar condições melhores aos seus representados.

---

(4) Art. 7º São direitos dos trabalhadores urbanos e rurais, além de outros que visem à melhoria de sua condição social:
I — relação de emprego protegida contra despedida arbitrária ou sem justa causa, nos termos de lei complementar, que preverá indenização compensatória, dentre outros direitos.

Como o legislador protege a autonomia da vontade, trouxe a possibilidade de que as partes podem estipular o contrário, ou seja, o sindicato poderá impor resistência para que a quitação não seja plena, ressalvando alguma verba, ou mesmo que não haja quitação. Deixando margens para a negociação coletiva.

Importante relembrar, que a quitação plena e irrevogável do contrato de trabalho faz com que o empregado nada mais possa cobrar sobre a extinta relação de emprego.

◈ ◈ ◈

Art. 482
Dispensa por Justa Causa

Dentro do rol taxativo de formas de rescisão do contrato de trabalho por justa causa, o legislador acrescentou mais um item:

"Art. 482. [...]

m) perda da habilitação ou dos requisitos estabelecidos em lei para o exercício da profissão, em decorrência de conduta dolosa do empregado.

[...]." (NR)

A perda de habilitação prevista na alínea *m*, diz respeito àquelas funções que necessitam de condição especial para sua realização. Perder a habilitação fará com que aquele empregado não possa mais exercer suas atividades, e por isso poderá ter seu contrato rescindido. Cumpre esclarecer que o legislador aponta que esta situação deve ser causada por conduta dolosa do empregado.

Podemos citar como exemplo o advogado que "perde" a carteira da OAB e não mais pode exercer a advocacia; o motorista que "perde" a sua Carteira Nacional de Habilitação — CNH; o médico que perde seu registro no Conselho Regional de Medicina — CRM, e diversas outras categorias que exigem registro para que o empregado possa exercer a atividade.

◈ ◈ ◈

Art. 484-A
Rescisão Contratual por Comum Acordo (Distrato)

A reforma trabalhista trouxe uma nova espécie de rescisão contratual, qual seja, o distrato ou rescisão por comum acordo:

"Art. 484-A. O contrato de trabalho poderá ser extinto por acordo entre empregado e empregador, caso em que serão devidas as seguintes verbas trabalhistas:

I — por metade:

a) o aviso-prévio, se indenizado; e

b) a indenização sobre o saldo do Fundo de Garantia do Tempo de Serviço, prevista no § 1º do art. 18 da Lei n. 8.036, de 11 de maio de 1990;

II — na integralidade, as demais verbas trabalhistas.

§ 1º A extinção do contrato prevista no *caput* deste artigo permite a movimentação da conta vinculada do trabalhador no Fundo de Garantia do Tempo de Serviço na forma do inciso I-A do art. 20 da Lei n. 8.036, de 11 de maio de 1990, limitada até 80% (oitenta por cento) do valor dos depósitos.

§ 2º A extinção do contrato por acordo prevista no *caput* deste artigo não autoriza o ingresso no Programa de Seguro-Desemprego."

Na visão civilista, o contrato é um negócio jurídico bilateral e pode ser rescindido por comum acordo a qualquer tempo. De modo que o instituto jurídico do distrato não é uma novidade no mundo jurídico, mas tão apenas no Direito do Trabalho.

Não era possível que empregado e empregador em comum acordo pusessem fim ao contrato firmado. Entretanto, na prática, não são raros os casos em que as partes desejavam tomar esta decisão, mas estavam juridicamente impossibilitadas de fazê-lo, e optavam por um modo informal e incorreto.

Assim, sem se afastar da realidade, o legislador decidiu regulamentar esta forma de rescisão contratual, já que nas palavras de Georges Ripert: *"quando o Direito ignora a realidade, a realidade se vinga, desprezando o Direito"*.

Ficou estabelecido, portanto, que nesta modalidade de rescisão o empregado terá direito à metade do valor do aviso-prévio, caso este seja indenizado, bem como de 20% da multa sobre o valor do FGTS. As demais verbas rescisórias deverão ser pagas em sua integralidade.

Esta forma de rescisão também permite ao empregado a movimentação de sua conta do FGTS, no limite de 80% do valor lá depositado. Para tanto, fez-se necessária inclusive a mudança no art. 20 da Lei n. 8.036/1990, que será analisada mais adiante.

Cumpre esclarecer, também, que nesta forma de rescisão o empregado não faz jus ao recebimento no Programa do Seguro-Desemprego.

Importante esclarecer que há uma modalidade de rescisão por comum acordo para elaboração do TRCT, bem como a Caixa Econômica Federal já disponibilizou um código próprio para pagamento de 20% do FGTS e levantamento de 80%, na forma da lei. Sendo desnecessário ingresso no Poder Judiciário para tanto.

Por outro lado, a fim de dar maior segurança jurídica a essa forma de rescisão, entendemos que poderá ser feito acordo extrajudicial nos termos dos arts. 855-B e seguintes, para que não haja dúvidas quanto à vontade do empregado em firmar referido distrato.

Contudo, entendemos que a execução poderá ser feita na Justiça do Trabalho, nos termos do art. 114, I, da Constituição Federal.

◈ ◈ ◈

Art. 507-A
Arbitragem

Após a reforma, a arbitragem passou a ser admitida não só para a negociação coletiva, mas também para o dissídio individual, não obstante a previsão do art. 114, § 2º, da Constituição da República, que prevê apenas arbitragem nos dissídios coletivos.

Da mesma forma que em outros dispositivos, o critério para estabelecer os empregados que poderão se socorrer desta forma de solução de conflito é o salário. Aqueles que recebem duas vezes mais que o limite máximo estabelecido para os benefícios do Regime Geral de Previdência Social, ou seja, algo em torno de R$ 12 mil reais, poderão submeter seu conflito à arbitragem.

Assim, o art. 507-A ficou com a seguinte redação.

> "Art. 507-A. Nos contratos individuais de trabalho cuja remuneração seja superior a duas vezes o limite máximo estabelecido para os benefícios do Regime Geral de Previdência Social, poderá ser pactuada

cláusula compromissória de arbitragem, desde que por iniciativa do empregado ou mediante a sua concordância expressa, nos termos previstos na Lei n. 9.307, de 23 de setembro de 1996."

Além disso, o legislador deixou de estabelecer se a Justiça do Trabalho será competente para executar as sentenças arbitrais, uma vez que nos termos dos arts. 515 e 516 do CPC, serão aplicados de maneira subsidiária no Processo do Trabalho, por força do art. 8º da CLT e do art. 15 do CPC.

> Art. 515. São títulos executivos judiciais, cujo cumprimento dar-se-á de acordo com os artigos previstos neste Título:
>
> [...]
>
> VII — a sentença arbitral;
>
> [...]
>
> Art. 516. O cumprimento da sentença efetuar-se-á perante:
>
> [...]
>
> III — o juízo cível competente, quando se tratar de sentença penal condenatória, de sentença arbitral, de sentença estrangeira ou de acórdão proferido pelo Tribunal Marítimo.
>
> Parágrafo único. Nas hipóteses dos incisos II e III, o exequente poderá optar pelo juízo do atual domicílio do executado, pelo juízo do local onde se encontrem os bens sujeitos à execução ou pelo juízo do local onde deva ser executada a obrigação de fazer ou de não fazer, casos em que a remessa dos autos do processo será solicitada ao juízo de origem.

Contudo, entendemos que a execução poderá ser feita na Justiça do Trabalho, nos termos do art. 114, I, da Constituição Federal.

◈ ◈ ◈

Art. 507-B
Quitação Anual

Como estudado nos comentários ao art. 477, o sindicato não possui mais a competência de homologar as rescisões. Contudo, o legislador criou uma outra forma de "homologação" prevista no art. 507-B:

> "Art. 507-B. É facultado a empregados e empregadores, na vigência ou não do contrato de emprego, firmar o termo de quitação anual de obrigações trabalhistas, perante o sindicato dos empregados da categoria.

Parágrafo único. O termo discriminará as obrigações de dar e fazer cumpridas mensalmente e dele constará a quitação anual dada pelo empregado, com eficácia liberatória das parcelas nele especificadas."

Por meio deste novo instituto, o empregador poderá levar os seus empregados anualmente ao sindicato, ou mesmo depois de encerrado o contrato de trabalho, e firmar um termo de quitação com o seu empregado assistido pelo próprio sindicato.

Na forma do parágrafo único, o termo deverá discriminar as quantias pagas e o empregado concordando com o valor dará quitação sobre as parcelas ali especificadas. Com isso, o empregado não poderá reclamar qualquer verba daquele termo, servindo este como quitação.

Assim, na demanda ajuizada em que reclamada apresente o termo de quitação, este somente poderá ser anulado na hipótese de vício prevista no Código Civil, caso contrário terá ampla validade.

O sindicato terá relevante papel nesta quitação em proteger os direitos de seus representados.

Não há qualquer previsão legal sobre a cobrança para realizar esta quitação. Portanto entendemos que esta pode ser feita, mas é notório que a cobrança da taxa do empregador pelo sindicato, poderá gerar desconfiança dos empregados.

Por fim, não entendemos que a recusa do sindicato em dar quitação, transmita a responsabilidade à Justiça do Trabalho. Caso isto ocorra, não será possível realização, por ser ato realizado exclusivamente perante o sindicato, devendo o empregador sanar eventuais irregularidades apontadas quando da quitação.

◈ ◈ ◈

Arts. 510-A, 510-B, 510-C, 510-D e 510-E
Comissão dos Empregados

Utilizando-se da reforma trabalhista, o legislador criou a Comissão de Representação dos Empregados, dedicando um título e cinco artigos ao tema, que passarão a ser analisados a seguir:

TÍTULO IV-A
DA REPRESENTAÇÃO DOS EMPREGADOS

Lei n. 13.467/2017	MP n. 808/2017
'Art. 510-A. Nas empresas com mais de duzentos empregados, é assegurada a eleição de uma comissão para representá-los, com a finalidade de promover-lhes o entendimento direto com os empregadores.	Mantida
§ 1º A comissão será composta:	Mantida
I — nas empresas com mais de duzentos e até três mil empregados, por três membros;	Mantida
II — nas empresas com mais de três mil e até cinco mil empregados, por cinco membros;	Mantida
III — nas empresas com mais de cinco mil empregados, por sete membros.	Mantida
§ 2º No caso de a empresa possuir empregados em vários Estados da Federação e no Distrito Federal, será assegurada a eleição de uma comissão de representantes dos empregados por Estado ou no Distrito Federal, na mesma forma estabelecida no § 1º deste artigo.'	Mantida
'Art. 510-B. A comissão de representantes dos empregados terá as seguintes atribuições:	Mantida
I — representar os empregados perante a administração da empresa;	Mantida
II — aprimorar o relacionamento entre a empresa e seus empregados com base nos princípios da boa-fé e do respeito mútuo;	Mantida

III — promover o diálogo e o entendimento no ambiente de trabalho com o fim de prevenir conflitos;	Mantida
IV — buscar soluções para os conflitos decorrentes da relação de trabalho, de forma rápida e eficaz, visando à efetiva aplicação das normas legais e contratuais;	Mantida
V — assegurar tratamento justo e imparcial aos empregados, impedindo qualquer forma de discriminação por motivo de sexo, idade, religião, opinião política ou atuação sindical;	Mantida
VI — encaminhar reivindicações específicas dos empregados de seu âmbito de representação;	Mantida
VII — acompanhar o cumprimento das leis trabalhistas, previdenciárias e das convenções coletivas e acordos coletivos de trabalho.	Mantida
§ 1º As decisões da comissão de representantes dos empregados serão sempre colegiadas, observada a maioria simples.	Mantida
§ 2º A comissão organizará sua atuação de forma independente.'	Mantida
'Art. 510-C. A eleição será convocada, com antecedência mínima de trinta dias, contados do término do mandato anterior, por meio de edital que deverá ser fixado na empresa, com ampla publicidade, para inscrição de candidatura.	Mantida

§ 1º Será formada comissão eleitoral, integrada por cinco empregados, não candidatos, para a organização e o acompanhamento do processo eleitoral, vedada a interferência da empresa e do sindicato da categoria.	Mantida
§ 2º Os empregados da empresa poderão candidatar-se, exceto aqueles com contrato de trabalho por prazo determinado, com contrato suspenso ou que estejam em período de aviso-prévio, ainda que indenizado.	Mantida
§ 3º Serão eleitos membros da comissão de representantes dos empregados os candidatos mais votados, em votação secreta, vedado o voto por representação.	Mantida
§ 4º A comissão tomará posse no primeiro dia útil seguinte à eleição ou ao término do mandato anterior.	Mantida
§ 5º Se não houver candidatos suficientes, a comissão de representantes dos empregados poderá ser formada com número de membros inferior ao previsto no art. 510-A desta Consolidação.	Mantida
§ 6º Se não houver registro de candidatura, será lavrada ata e convocada nova eleição no prazo de um ano.'	Mantida
'Art. 510-D. O mandato dos membros da comissão de representantes dos empregados será de um ano.	Mantida
§ 1º O membro que houver exercido a função de representante dos empregados na comissão não poderá ser candidato nos dois períodos subsequentes.	Mantida

§ 2º O mandato de membro de comissão de representantes dos empregados não implica suspensão ou interrupção do contrato de trabalho, devendo o empregado permanecer no exercício de suas funções.	Mantida
§ 3º Desde o registro da candidatura até um ano após o fim do mandato, o membro da comissão de representantes dos empregados não poderá sofrer despedida arbitrária, entendendo-se como tal a que não se fundar em motivo disciplinar, técnico, econômico ou financeiro.	Mantida
§ 4º Os documentos referentes ao processo eleitoral devem ser emitidos em duas vias, as quais permanecerão sob a guarda dos empregados e da empresa pelo prazo de cinco anos, à disposição para consulta de qualquer trabalhador interessado, do Ministério Público do Trabalho e do Ministério do Trabalho.	Mantida
Inexistente	Art. 510-E. A comissão de representantes dos empregados não substituirá a função do sindicato de defender os direitos e os interesses coletivos ou individuais da categoria, inclusive em questões judiciais ou administrativas, hipótese em que será obrigatória a participação dos sindicatos em negociações coletivas de trabalho, nos termos do incisos III e VI do *caput* do art. 8º da Constituição. (NR)

Esta Comissão de Representação dos Empregados tem fundamento na Constituição Federal de 1988, que em seu art. 11 prevê a criação desta comissão nas empresas com mais de duzentos empregados:

> "Art. 11. Nas empresas de mais de duzentos empregados, é assegurada a eleição de um representante destes com a finalidade exclusiva de promover-lhes o entendimento direto com os empregadores."

A redação do *caput* do art. 510-A é muito similar a do texto constitucional. Por sua vez o § 1º traz um escalonamento da quantidade de representantes com o número de empregados.

Importante destacar que o texto constitucional trata de representante no singular, mas o legislador celetista trouxe uma comissão, entendendo que esta poderia ser mais efetiva.

O número de representantes varia de três a sete, dependendo do número de empregados, podendo ter um número inferior ao previsto neste artigo, apenas se houver candidaturas inferiores ao requisito legal. A contagem dos membros observará os empregados de cada Estado ou Distrito Federal, pois não são raras as empresas com filiais ou estabelecimentos comerciais em várias localidades. Portanto poderão ser criadas as comissões por Estado.

O art. 510-B trata das atribuições desta comissão, indicando que está terá sua atuação de forma completamente independente, e que as decisões serão sempre feitas de modo colegiado, necessitando de aprovação da maioria simples dos membros desta.

A comissão em suma terá as atribuições de estreitar relações entre empregados e empregadores. A comissão deve receber críticas, sugestões dos empregados e levá-las ao conhecimento dos empregadores, visando uma solução harmoniosa dos conflitos, justamente com aqueles que vivenciam a realidade daquela empresa.

Em hipótese alguma a comissão deve atuar como se fora Sindicato. Pelo contrário, entendemos que a comissão é mais um órgão para estreitar as relações entre empregado e empregador, sindicato e empregador e sindicato e empregado. A intenção do legislador é justamente que a comissão possa, inclusive, dialogar com os Sindicatos para garantir o cumprimento das leis.

Por meio da MP n. 808/2017, o legislador havia incluído o art. 510-E, que apenas reforçava os dizeres do art. 8º, inciso III e VI da Constituição Federal que garantem a atuação plena dos Sindicatos como representantes dos empregados nas negociações individuais ou coletivas. Em que pese esta tenha caducado, os dispositivos constitucionais garantem a plena autonomia da atuação sindical, uma vez que a lei ordinária não pode revogar a lei constitucional.

Já os arts. 510-C e 510-D tratam do processo eleitoral dessas comissões. Estabelecendo que deva ser realizado até trinta dias antes do término do mandato. Haverá uma Comissão Eleitoral independente que organizará e acompanhará o processo eleitoral.

O § 2º do art. 510-C traz a restrição de candidatura dos empregados com contrato por prazo determinado, contrato suspenso ou em período de aviso-prévio. Ora, empregados nessas situações não poderão promover uma ampla representação dos interesses dos colegas.

O voto deverá ser secreto e pessoal, sendo eleitos os candidatos mais votados, que tomarão posse no dia útil subsequente à eleição ou ao término do mandato anterior, com mandato de um ano. O empregado que atuar como representante não poderá ser reeleito nos dois períodos subsequentes.

O empregado que é membro da comissão de representantes não poderá ser dispensado pelo empregador de forma arbitrária, sendo que o legislador define esta dispensa como sendo aquela que não for fundada em motivo disciplinar, técnico, econômico ou financeiro. E ainda não terá qualquer privilégio frente aos demais empregados, como redução de horário, suspensão ou interrupção do contrato, permanecendo à disposição do empregador para prestar sua atividade.

◈ ◈ ◈

Arts. 545, 578, 579, 582, 583, 587 e 602
Contribuições Sindicais

"Art. 545. Os empregadores ficam obrigados a descontar da folha de pagamento dos seus empregados, desde que por eles devidamente autorizados, as contribuições devidas ao sindicato, quando por este notificados.

[...]." (NR)

"Art. 578. As contribuições devidas aos sindicatos pelos participantes das categorias econômicas ou profissionais ou das profissões liberais representadas pelas referidas entidades serão, sob a denominação de contribuição sindical, pagas, recolhidas e aplicadas na forma estabelecida neste Capítulo, desde que prévia e expressamente autorizadas." (NR)

"Art. 579. O desconto da contribuição sindical está condicionado à autorização prévia e expressa dos que participarem de uma determinada categoria econômica ou profissional, ou de uma profissão liberal, em favor do sindicato representativo da mesma categoria ou profissão ou, inexistindo este, na conformidade do disposto no art. 591 desta Consolidação." (NR)

"Art. 582. Os empregadores são obrigados a descontar da folha de pagamento de seus empregados relativa ao mês de março de cada ano a contribuição sindical dos empregados que autorizaram prévia e expressamente o seu recolhimento aos respectivos sindicatos.

[...]." (NR)

"Art. 583. O recolhimento da contribuição sindical referente aos empregados e trabalhadores avulsos será efetuado no mês de abril de cada ano, e o relativo aos agentes ou trabalhadores autônomos e profissionais liberais realizar-se-á no mês de fevereiro, observada a exigência de autorização prévia e expressa prevista no art. 579 desta Consolidação.

[...]." (NR)

"Art. 587. Os empregadores que optarem pelo recolhimento da contribuição sindical deverão fazê-lo no mês de janeiro de cada ano, ou, para os que venham a se estabelecer após o referido mês, na ocasião em que requererem às repartições o registro ou a licença para o exercício da respectiva atividade." (NR)

"Art. 602. Os empregados que não estiverem trabalhando no mês destinado ao desconto da contribuição sindical e que venham a autorizar prévia e expressamente o recolhimento serão descontados no primeiro mês subsequente ao do reinício do trabalho.

O fim da contribuição sindical foi outro tema de extrema relevância trazido pela reforma trabalhista.

A redação do art. 545 deixa claro que a contribuição sindical somente será descontada da folha de pagamento dos empregados que expressamente autorizarem e apenas após a notificação pelo sindicato. São esses os requisitos para o desconto da contribuição sindical, que deixa de ser obrigatória.

Ademais, não existe qualquer possibilidade de o empregado permitir o desconto em folha de pagamento e o sindicato requerer a cobrança de período passado, já que o desconto só será feito após a notificação realizada pelo sindicato. Essa aplicação do art. 545 vale para qualquer modalidade de contribuição.

A análise do art. 578 deixa margens para interpretação. Existe a possibilidade de se interpretar este dispositivo no sentido de que a previsão do desconto da contribuição sindical em norma coletiva supre o requisito de ser feito de modo prévio e expresso. Uma vez que o legislador deixou de incluir o termo "individualmente" neste dispositivo. Entretanto, data máxima vênia, a interpretação conjunta deste dispositivo com os demais faz cair por terra esse entendimento.

O art. 579 condiciona o desconto da contribuição sindical à "autorização prévia e expressa dos que participarem de uma determinada categoria econômica ou profissional", ou seja, a autorização tem que ser de cada empregado que participa da categoria, na forma disciplinada pelo art. 545.

Além disso, o art. 582 também é claro ao afirmar que as contribuições sindicais só serão descontadas dos empregados que as autorizarem. Devendo o desconto ser feito no mês de março.

Ora, em diversos momentos o legislador deixa expresso que a autorização deve ser do empregado, determinando que este o faça individualmente, e não de modo coletivo.

Corroborando ainda este entendimento, temos o inciso XXVI do art. 611-B, que impossibilita a cobrança ou desconto de qualquer valor estabelecido em norma coletiva:

> "XXVI — liberdade de associação profissional ou sindical do trabalhador, inclusive o direito de não sofrer, sem sua expressa e prévia anuência, qualquer cobrança ou desconto salarial estabelecidos em convenção coletiva ou acordo coletivo de trabalho."

Os demais dispositivos deste capítulo tiveram sua redação pouco alterada, e tratam basicamente da data em que será descontada a contribuição sindical.

Concluímos, no sentido de que a partir deste momento, os sindicatos terão que atuar ainda mais, mostrando à categoria o seu trabalho e suas conquistas em prol da coletividade. Com isso, incentivará que o trabalhador contribua com sua atuação. Os sindicatos que não atuarem fortemente defendendo os direitos dos trabalhadores tendem a ruir, e serem absorvidos por outros sindicatos que se mostrarem mais atuantes.

◈ ◈ ◈

Art. 611-A
Possibilidade de Negociação

Lei n. 13.467/2017	MP n. 808/2017
"Art. 611-A. A convenção coletiva e o acordo coletivo de trabalho têm prevalência sobre a lei quando, entre outros, dispuserem sobre:	Art. 611-A. A convenção coletiva e o acordo coletivo de trabalho, observados os incisos III e VI do *caput* do art. 8º da Constituição, têm prevalência sobre a lei quando, entre outros, dispuserem sobre:
I — pacto quanto à jornada de trabalho, observados os limites constitucionais;	Mantida
II — banco de horas anual;	Mantida
III — intervalo intrajornada, respeitado o limite mínimo de trinta minutos para jornadas superiores a seis horas;	Mantida
IV — adesão ao Programa Seguro-Emprego (PSE), de que trata a Lei n. 13.189, de 19 de novembro de 2015;	Mantida
V — plano de cargos, salários e funções compatíveis com a condição pessoal do empregado, bem como identificação dos cargos que se enquadram como funções de confiança;	Mantida
VI — regulamento empresarial;	Mantida
VII — representante dos trabalhadores no local de trabalho;	Mantida
VIII — teletrabalho, regime de sobreaviso, e trabalho intermitente;	Mantida

IX — remuneração por produtividade, incluídas as gorjetas percebidas pelo empregado, e remuneração por desempenho individual;	Mantida
X — modalidade de registro de jornada de trabalho;	Mantida
XI — troca do dia de feriado;	Mantida
XII — enquadramento do grau de insalubridade;	XII — enquadramento do grau de insalubridade e prorrogação de jornada em locais insalubres, incluída a possibilidade de contratação de perícia, afastada a licença prévia das autoridades competentes do Ministério do Trabalho, desde que respeitadas, na integralidade, as normas de saúde, higiene e segurança do trabalho previstas em lei ou em normas regulamentadoras do Ministério do Trabalho;
XIII — prorrogação de jornada em ambientes insalubres, sem licença prévia das autoridades competentes do Ministério do Trabalho;	REVOGADO
XIV — prêmios de incentivo em bens ou serviços, eventualmente concedidos em programas de incentivo;	Mantida
XV — participação nos lucros ou resultados da empresa.	Mantida
§ 1º No exame da convenção coletiva ou do acordo coletivo de trabalho, a Justiça do Trabalho observará o disposto no § 3º do art. 8º desta Consolidação.	Mantida

§ 2º A inexistência de expressa indicação de contrapartidas recíprocas em convenção coletiva ou acordo coletivo de trabalho não ensejará sua nulidade por não caracterizar um vício do negócio jurídico.	Mantida
§ 3º Se for pactuada cláusula que reduza o salário ou a jornada, a convenção coletiva ou o acordo coletivo de trabalho deverão prever a proteção dos empregados contra dispensa imotivada durante o prazo de vigência do instrumento coletivo.	Mantida
§ 4º Na hipótese de procedência de ação anulatória de cláusula de convenção coletiva ou de acordo coletivo de trabalho, quando houver a cláusula compensatória, esta deverá ser igualmente anulada, sem repetição do indébito.	Mantida
§ 5º Os sindicatos subscritores de convenção coletiva ou de acordo coletivo de trabalho deverão participar, como litisconsortes necessários, em ação individual ou coletiva, que tenha como objeto a anulação de cláusulas desses instrumentos."	§ 5º Os sindicatos subscritores de convenção coletiva ou de acordo coletivo de trabalho participarão, como litisconsortes necessários, em ação coletiva que tenha como objeto a anulação de cláusulas desses instrumentos, vedada a apreciação por ação individual." (NR)

O novel art. 611-A traz os direitos que podem ser negociáveis por meio de acordo ou convenção coletiva. O aqui disposto é uma clara inovação no meio juslaboralista, uma vez que muitas das matérias aqui presentes eram tratadas como inegociáveis.

O rol deste dispositivo é claramente exemplificativo, uma vez que o *caput* traz a expressão "entre outros", abrindo a possibilidade das normas coletivas tratarem de outras matérias que não estão aqui especificadas, desde que não contrariem o disposto no art. 611-B.

Importante destacar que por força do *caput* deste artigo, as disposições trazidas em norma coletiva se sobrepõem à legislação, ainda que esta seja mais favorável que aquela. O que comumente se chama do "negociado sobre o legislado".

Ademais, na forma do art. 620, o negociado em acordo coletivo também se sobreporá à convenção coletiva.

A MP n. 808/2017 tinha modificado o *caput* para incluir expressamente a necessidade de representação do sindicato para realizar essas negociações. Dando ainda mais importância ao trabalho destas entidades. Mas com seu término, não teve qualquer impacto significativo, já que os sindicatos são competentes para realizarem negociação coletiva, na forma da Constituição Federal (art. 8º, III e VI).

A lei não exige qualquer contrapartida para negociação desses direitos, mas evidentemente que os sindicatos deverão pleitear melhorias e concessões das empresas para fixar cláusulas que podem ser consideradas prejudiciais aos empregados. Se não o fizerem perderão cada vez mais adeptos, enfraquecendo o sindicato. Neste sentido temos o § 2º do art. 611-A, que a falta de contrapartidas não enseja a nulidade da norma coletiva, por não se caracterizar como um vício do negócio jurídico. Sobre este tema estudaremos a diante.

A jornada de trabalho, o banco de horas e o intervalo intrajornada poderão ser negociados em convenção coletiva. Entretanto, deverá ser observado o limite constitucional da jornada de trabalho, bem como o mínimo de 30 minutos de intervalo para jornada superior a seis horas. Esse dispositivo visa facilitar a utilização de escalas, como por exemplo, 12 x 36, 5 x 2, etc.

Nada impede que as empresas negociem condições melhores para os seus empregados, ainda que por meio de acordo coletivo.

O Programa Seguro-Emprego é outro assunto que poderá ser negociado por meio das normas coletivas. A Lei n. 13.189/2015 traz uma série de requisitos para a adesão deste programa. A empresa deve cumprir todos para que possa aderir ao PSE. Em suma este programa visa a manutenção dos contratos de trabalho, fazendo com que a empresa ao invés de dispensar empregados, negocie redução de jornada e consequentemente salários, para equilibrar as finanças e voltar ao crescimento, momento no qual os contratos de trabalho serão retomados de forma integral.

A norma coletiva também poderá dispor sobre plano de cargos, funções e salários, bem como remuneração por produtividade, gorjetas, trazer disposições acerca do regulamento empresarial, a possibilidade de premiação dos empregados por metas ou como forma de incentivo, e ainda a PLR. Tudo isso vinculará às partes da negociação.

Com relação ao representante dos trabalhadores no local de trabalho, recomendamos a leitura do art. 513-A, mas indicamos que a norma coletiva poderá estabelecer critérios e regulamentação da forma de atuação para esses representantes, buscando complementar a disposição legal sobre o tema.

Disposições sobre teletrabalho, sobreaviso e trabalho intermitente também poderão ser trazidas na convenção coletiva, assim como a possibilidade de compensação em caso de trabalho em feriados, algo muito comum na prática empresarial.

Com relação à insalubridade, as redações dos incisos XII e XIII deste dispositivo preveem a possibilidade de negociar o grau de insalubridade, bem como fixar a possibilidade de prorrogação do labor nestes ambientes sem qualquer licença prévia. Assim, as partes poderão estabelecer em norma coletiva o grau de insalubridade que os empregados receberão.

A MP n. 808/2017 tinha modificado esses dispositivos, revogando o inciso XIII, para de certo modo incluí-lo na nova redação do inciso XII. Ainda era possível a fixação de grau de insalubridade, bem como a prorrogação da jornada em locais insalubres, sendo desnecessária a licença do Ministério do Trabalho para tanto, desde que respeitadas as normas de saúde, higiene e segurança do trabalho. Ou seja, se essas normas não forem respeitadas, a fixação conjunta do grau de insalubridade e prorrogação de jornada nestes ambientes não seria possível. Além disso, poderia o sindicato juntamente com a empresa, contratar perito para estabelecer um laudo ambiental comum.

Essa possibilidade de contratação de laudo ambiental comum ainda é possível, mas desnecessária, já que as partes poderão livremente e sem qualquer restrição fixar o grau de insalubridade.

Como exposto nos parágrafos anteriores, ao analisar a validade de uma norma coletiva, o magistrado somente poderá verificar os requisitos e elementos do negócio jurídico. De modo que apenas na constatação de algum vício ou ausência de algum requisito essencial, é que o magistrado poderá anular o documento. Neste ponto, recomendamos a leitura dos comentários do art. 8º da CLT.

O § 3º traz uma norma de proteção expressa aos empregados, no sentido de que caso a norma coletiva estabeleça redução do salário ou da jornada, a contrapartida obrigatória aos empregados será a estabilidade no emprego pelo prazo de duração da norma coletiva.

O parágrafo seguinte dispõe que a anulação de uma cláusula de norma coletiva acarreta a anulação da cláusula compensatória, sem repetição de indébito. Isso se dá, pois a existência daquela cláusula compensatória é para equilibrar as concessões realizadas durante a negociação. A anulação de uma cláusula em favor de uma das partes ocasionará uma vantagem para a outra. Trazendo um desequilíbrio na negociação.

O último parágrafo estabelece que as demandas que pleitearem a anulação de cláusulas coletivas deverão incluir os sindicatos subscritores como litisconsortes necessários. A alteração proposta pela MP n. 808/2017 excluía a possibilidade de inclusão dos sindicatos em ação individual.

Para as novas ações ajuizadas, sejam elas individuais ou coletivas que busquem a declaração e nulidade de uma cláusula prevista em norma coletiva, o sindicato deverá, obrigatoriamente, ser incluído na demanda. Como essa possibilidade foi ampliada — com o fim da MP — às ações individuais, o sindicato poderá ter um alto número de demandas judiciais.

Importante esclarecer, ainda, que ambos os sindicatos subscritores deverão figurar como parte na ação, sendo, portanto, litisconsorte necessário, nos termos do art. 114 do CPC.

Por fim, mister se faz reiterar que nos termos do art. 444, caso o empregado perceba salário igual ou superior a duas vezes o limite máximo dos benefícios do Regime Geral de Previdência Social, todos os pontos aqui estudados poderão ser negociados de forma individual entre empregado e empregador, sendo desnecessária qualquer norma coletiva tratando do tema.

◈ ◈ ◈

Art. 611-B
Impossibilidade de Negociação

"Art. 611-B. Constituem objeto ilícito de convenção coletiva ou de acordo coletivo de trabalho, exclusivamente, a supressão ou a redução dos seguintes direitos:

I — normas de identificação profissional, inclusive as anotações na Carteira de Trabalho e Previdência Social;

II — seguro-desemprego, em caso de desemprego involuntário;

III — valor dos depósitos mensais e da indenização rescisória do Fundo de Garantia do Tempo de Serviço (FGTS);

IV — salário mínimo;

V — valor nominal do décimo terceiro salário;

VI — remuneração do trabalho noturno superior à do diurno;

VII — proteção do salário na forma da lei, constituindo crime sua retenção dolosa;

VIII — salário-família;

IX — repouso semanal remunerado;

X — remuneração do serviço extraordinário superior, no mínimo, em 50% (cinquenta por cento) à do normal;

XI — número de dias de férias devidas ao empregado;

XII — gozo de férias anuais remuneradas com, pelo menos, um terço a mais do que o salário normal;

XIII — licença-maternidade com a duração mínima de cento e vinte dias;

XIV — licença-paternidade nos termos fixados em lei;

XV — proteção do mercado de trabalho da mulher, mediante incentivos específicos, nos termos da lei;

XVI — aviso-prévio proporcional ao tempo de serviço, sendo no mínimo de trinta dias, nos termos da lei;

XVII — normas de saúde, higiene e segurança do trabalho previstas em lei ou em normas regulamentadoras do Ministério do Trabalho;

XVIII — adicional de remuneração para as atividades penosas, insalubres ou perigosas;

XIX — aposentadoria;

XX — seguro contra acidentes de trabalho, a cargo do empregador;

XXI — ação, quanto aos créditos resultantes das relações de trabalho, com prazo prescricional de cinco anos para os trabalhadores urbanos e rurais, até o limite de dois anos após a extinção do contrato de trabalho;

XXII — proibição de qualquer discriminação no tocante a salário e critérios de admissão do trabalhador com deficiência;

XXIII — proibição de trabalho noturno, perigoso ou insalubre a menores de dezoito anos e de qualquer trabalho a menores de dezesseis anos, salvo na condição de aprendiz, a partir de quatorze anos;

XXIV — medidas de proteção legal de crianças e adolescentes;

XXV — igualdade de direitos entre o trabalhador com vínculo empregatício permanente e o trabalhador avulso;

XXVI — liberdade de associação profissional ou sindical do trabalhador, inclusive o direito de não sofrer, sem sua expressa e prévia anuência, qualquer cobrança ou desconto salarial estabelecidos em convenção coletiva ou acordo coletivo de trabalho;

XXVII — direito de greve, competindo aos trabalhadores decidir sobre a oportunidade de exercê-lo e sobre os interesses que devam por meio dele defender;

XXVIII — definição legal sobre os serviços ou atividades essenciais e disposições legais sobre o atendimento das necessidades inadiáveis da comunidade em caso de greve;

XXIX — tributos e outros créditos de terceiros;

XXX — as disposições previstas nos arts. 373-A, 390, 392, 392-A, 394, 394-A, 395, 396 e 400 desta Consolidação.

Parágrafo único. Regras sobre duração do trabalho e intervalos não são consideradas como normas de saúde, higiene e segurança do trabalho para os fins do disposto neste artigo."

Ao contrário do dispositivo anterior, o art. 611-B trata das questões que não podem ser suprimidas ou reduzidas por meio de normas coletivas.

Dentre os 30 incisos deste dispositivo, temos em regra, matéria de cunho constitucional e de direitos fundamentais dos empregados. Eventual redução seria inequivocamente uma inconstitucionalidade.

Entretanto, é possível que esses direitos sejam fruto de normas coletivas, a fim de disciplinar o seu gozo. Como por exemplo, a regulamentação das férias, com relação a sua fruição nos limites legais, bem como a fixação do repouso semanal remunerado em dia que não o domingo, dentre outras.

O parágrafo único dispõe que as normas de duração do trabalho e intervalo (intra e interjornada) não são consideradas normas de saúde, higiene e segurança do trabalho.

Esse parágrafo se contrapõe diretamente ao inciso II da Súmula n. 437 do TST[50], que estabelece o intervalo como sendo norma de saúde, higiene e segurança do trabalho.

---

(5) Súmula n. 437 do TST

Ademais, se fosse mantido o entendimento consoante à súmula do TST, este seria contraditório com os incisos I e III do art. 611-A, causando verdadeiro conflito entre normas.

Dessa forma, o legislador tratou de sedimentar a matéria, possibilitando a negociação quanto ao horário de trabalho, uma vez que estes não são mais considerados normas de saúde, higiene e segurança do trabalho.

◇ ◇ ◇

Arts. 614 e 620
Normas Coletivas

Com relação às normas coletivas, além dos arts. 611-A e B, o legislador trouxe algumas mudanças nos arts. 614 e 620:

"Art. 614. [...]

[...]

§ 3º Não será permitido estipular duração de convenção coletiva ou acordo coletivo de trabalho superior a dois anos, sendo vedada a ultratividade." (NR)

"Art. 620. As condições estabelecidas em acordo coletivo de trabalho sempre prevalecerão sobre as estipuladas em convenção coletiva de trabalho." (NR)

A alteração proposta no § 3º do art. 614 inclui a parte final no dispositivo original, para vedar a ultratividade das convenções coletivas ou acordos coletivos.

INTERVALO INTRAJORNADA PARA REPOUSO E ALIMENTAÇÃO. APLICAÇÃO DO ART. 71 DA CLT (conversão das Orientações Jurisprudenciais ns. 307, 342, 354, 380 e 381 da SBDI-1) — Res. n. 185/2012, DEJT divulgado em 25, 26 e 27.9.2012
[...]
II — É inválida cláusula de acordo ou convenção coletiva de trabalho contemplando a supressão ou redução do intervalo intrajornada porque este constitui medida de higiene, saúde e segurança do trabalho, garantido por norma de ordem pública (art. 71 da CLT e art. 7º, XXII, da CF/1988), infenso à negociação coletiva. [...]

Sobre esse tema, indispensável fazer menção à Súmula n. 277 do TST:

> CONVENÇÃO COLETIVA DE TRABALHO OU ACORDO COLETIVO DE TRABALHO. EFICÁCIA. ULTRATIVIDADE (redação alterada na sessão do Tribunal Pleno realizada em 14.9.2012) — Res. n. 185/2012, DEJT divulgado em 25, 26 e 27.9.2012. As cláusulas normativas dos acordos coletivos ou convenções coletivas integram os contratos individuais de trabalho e somente poderão ser modificadas ou suprimidas mediante negociação coletiva de trabalho.

Após a reforma, resta consolidado que as condições estabelecidas nas normas coletivas não integram o contrato de trabalho de forma permanente. Isto é, com nova negociação, poderá haver supressão de direitos a fim de estabelecer melhores condições em outro aspecto.

As partes poderão livremente negociar os termos da nova convenção, após o término da vigência da anterior.

Quanto à mudança do art. 620 da CLT, veio inverter a ordem de prevalência da redação anterior, que previa a aplicação da convenção coletiva quando mais favorável em detrimento ao acordo coletivo. Passando o acordo coletivo a prevalecer sobre a convenção coletiva, ainda que esta traga norma mais favorável.

Esta mudança visa propiciar uma negociação mais específica entre as partes e a realidade por elas vivenciada. Um acordo é muito mais específico que a convenção. Por meio dele a empresa pode buscar estabelecer uma situação que lhe seja mais favorável em sua realidade, cedendo algum benefício em troca aos seus empregados.

Como um dos princípios dessa reforma, novamente o legislador buscou proteger a autonomia da vontade das partes.

Além disso, essa mudança mitigou a utilização da teoria de aplicação das normas coletivas, pois em seu conflito, deverá ser observado o acordo coletivo, e não haverá mais discussão — pelo menos nesse ponto — quanto à aplicação das teorias da acumulação ou do conglobamento[6].

◈ ◈ ◈

---

(6) Duas teorias centrais se destacam nesse intento, sob o nome de acumulação e de conglobamento. Ambas buscam informar critérios de determinação da norma mais favorável — elemento balizador do vértice da pirâmide normativa —, a partir de processos lógicos de avaliação e seleção entre as normas jurídicas postas em análise e cotejo (DELGADO, Mauricio Godinho. *Curso de direito do trabalho*. 15. ed. São Paulo: Saraiva, 2016. p. 187).

Art. 634
Multas Administrativas

"Art. 634. [...]

§ 1º [...]

§ 2º Os valores das multas administrativas expressos em moeda corrente serão reajustados anualmente pela Taxa Referencial (TR), divulgada pelo Banco Central do Brasil, ou pelo índice que vier a substituí-lo." (NR)

Recentemente a discussão sobre o índice de correção monetária aplicável à Justiça do Trabalho voltou à tona. Em que pese à aplicação da TR tenha sido unânime por anos, inclusive com entendimento pacificado por tribunais, houve o surgimento da corrente que entende devida a aplicação do IPCA.

O assunto ainda não havia sido decidido nos Tribunais quando da publicação da reforma trabalhista. Em que pese o TST tenha dado voto favorável à aplicação do IPCA, o STF suspendeu sua aplicação, por meio de decisão liminar. Entretanto, no início de dezembro de 2017, o STF julgou o caso e decidiu pela aplicação do IPCA[7], porém o legislador já havia tratado de encerrar o assunto tanto neste parágrafo, como no art. 879.

◈ ◈ ◈

Art. 702
Súmulas

O art. 702 da CLT passou a ter a inclusão da alínea "f" e dois novos parágrafos:

"Art. 702. [...]

I – [...]

---
(7) Reclamação n. 22.012/RS.

[...]

> f) estabelecer ou alterar súmulas e outros enunciados de jurisprudência uniforme, pelo voto de pelo menos dois terços de seus membros, caso a mesma matéria já tenha sido decidida de forma idêntica por unanimidade em, no mínimo, dois terços das turmas em pelo menos dez sessões diferentes em cada uma delas, podendo, ainda, por maioria de dois terços de seus membros, restringir os efeitos daquela declaração ou decidir que ela só tenha eficácia a partir de sua publicação no Diário Oficial;

[...]

> § 3º As sessões de julgamento sobre estabelecimento ou alteração de súmulas e outros enunciados de jurisprudência deverão ser públicas, divulgadas com, no mínimo, trinta dias de antecedência, e deverão possibilitar a sustentação oral pelo Procurador-Geral do Trabalho, pelo Conselho Federal da Ordem dos Advogados do Brasil, pelo Advogado-Geral da União e por confederações sindicais ou entidades de classe de âmbito nacional.
>
> § 4º O estabelecimento ou a alteração de súmulas e outros enunciados de jurisprudência pelos Tribunais Regionais do Trabalho deverão observar o disposto na alínea *f* do inciso I e no § 3º deste artigo, com rol equivalente de legitimados para sustentação oral, observada a abrangência de sua circunscrição judiciária." (NR)

Por meio da nova alínea evidentemente que o legislador dificultou o processo de criação de Súmulas. Estas possuem grande relevância no Direito como um todo, para buscar uma uniformização de entendimentos.

O novo processo de criação de súmulas do TST deverá observar os seguintes critérios:

a) Voto de pelo menos 2/3 dos Ministros (18 dos 27 membros);

b) A matéria sumulada deverá ter sido julgada de modo idêntico e unânime em pelo menos 2/3 das turmas (6 das 8 turmas), de modo que a matéria deverá ter sido julgada em pelo menos dez sessões diferentes;

c) E por nova maioria de 2/3 dos membros, poderá estabelecer os efeitos daquela Súmula, principalmente com relação à questão temporal.

Percebemos a dificuldade que os Tribunais terão para poderem sumular qualquer matéria, pois os requisitos estabelecidos para sumulação fazem com que apenas os temas realmente unânimes e de entendimento comum entre todos os julgadores possam ser sumulados.

O § 3º merece elogios. O processo de sumulação deverá ser público, e possibilita que outros se manifestem sobre a matéria. No caso o Procurador-Geral do Trabalho, o Conselho Federal da OAB, o Advogado-Geral da União e entidades sindicais de âmbito nacional terão legitimidade para debater o mérito da matéria a ser sumulada.

Por fim, o mesmo procedimento da alínea "f" deverá ser observado pelos Tribunais Regionais para edição de suas súmulas, o que também dificulta a criação de súmulas dos próprios Tribunais Regionais.

A nosso ver, este dispositivo fará com que um número maior de Recursos de Revista seja analisado pelo TST, a fim de conseguir cumprir os requisitos estabelecidos neste artigo. Além do que, por não haver uma sumulação, será mais comum decisões diferentes entre Tribunais Regionais, passíveis de reanálise pela instância extraordinária.

◆ ◆ ◆

Art. 775
Prazos Processuais

A reforma trabalhista seguiu a principiologia do processo comum, e então trouxe que os prazos passarão a ser contados em dias úteis e não mais em dias corridos.

Esta é uma grande vitória para a advocacia, que via os seus prazos reduzindo-se enquanto gozavam de seus dias de descanso.

Não houve qualquer mudança no que tange ao início ou término da contagem, pois ainda se exclui o dia do começo e inclui o dia do vencimento.

Existe entendimento no sentido de que sábado é considerado dia útil para fins de contagem de prazo, mas não há como pactuar neste sentido, pois o sábado não é dia útil forense, não há prazos findados no sábado, nem tampouco realização de audiências.

Os prazos poderão ser prorrogados pelo magistrado quando este entender necessário, ou em virtude de força maior. Prazos como os de recursos não poderão ser prorrogados ou dilatados pelo magistrado.

Assim, a redação do art. 775 passou a ser da seguinte forma:

"Art. 775. Os prazos estabelecidos neste Título serão contados em dias úteis, com exclusão do dia do começo e inclusão do dia do vencimento.

§ 1º Os prazos podem ser prorrogados, pelo tempo estritamente necessário, nas seguintes hipóteses:

I — quando o juízo entender necessário;

II — em virtude de força maior, devidamente comprovada.

§ 2º Ao juízo incumbe dilatar os prazos processuais e alterar a ordem de produção dos meios de prova, adequando-os às necessidades do conflito de modo a conferir maior efetividade à tutela do direito." (NR)

Entendemos, por fim, que esta mudança não é um grande prejuízo à celeridade processual, pois se observado todos os prazos em dias úteis, ao seu final o processo teria sua duração estendida em no máximo dois ou três meses, não sendo o principal motivo da morosidade processual.

◊ ◊ ◊

Arts. 789, 790 e 790-B
Despesas Processuais

"Art. 789. Nos dissídios individuais e nos dissídios coletivos do trabalho, nas ações e procedimentos de competência da Justiça do Trabalho, bem como nas demandas propostas perante a Justiça Estadual, no exercício da jurisdição trabalhista, as custas relativas ao processo de conhecimento incidirão à base de 2% (dois por cento), observado o mínimo de R$ 10,64 (dez reais e sessenta e quatro centavos) e o máximo de quatro vezes o limite máximo dos benefícios do Regime Geral de Previdência Social, e serão calculadas:

[...]." (NR)

"Art. 790. [...]

[...]

§ 3º É facultado aos juízes, órgãos julgadores e presidentes dos tribunais do trabalho de qualquer instância conceder, a requerimento ou de ofício, o benefício da justiça gratuita, inclusive quanto a traslados e instrumentos, àqueles que perceberem salário igual ou inferior a 40% (quarenta por cento) do limite máximo dos benefícios do Regime Geral de Previdência Social.

§ 4º O benefício da justiça gratuita será concedido à parte que comprovar insuficiência de recursos para o pagamento das custas do processo." (NR)

"Art. 790-B. A responsabilidade pelo pagamento dos honorários periciais é da parte sucumbente na pretensão objeto da perícia, ainda que beneficiária da justiça gratuita.

§ 1º Ao fixar o valor dos honorários periciais, o juízo deverá respeitar o limite máximo estabelecido pelo Conselho Superior da Justiça do Trabalho.

§ 2º O juízo poderá deferir parcelamento dos honorários periciais.

§ 3º O juízo não poderá exigir adiantamento de valores para realização de perícias.

§ 4º Somente no caso em que o beneficiário da justiça gratuita não tenha obtido em juízo créditos capazes de suportar a despesa referida no *caput*, ainda que em outro processo, a União responderá pelo encargo." (NR)

Com relação às custas processuais a reforma trabalhista trouxe a inclusão de um teto, para que a demanda não fique demasiadamente onerosa a qualquer das partes. Assim, o valor mínimo continua de R$ 10,64, e o máximo passa a ser de 4 vezes o teto do Regime Geral da Previdência Social (algo em torno de R$ 22.200,00).

O magistrado poderá a qualquer tempo ou instância conceder os benefícios da justiça gratuita àqueles que percebam salário igual ou inferior a 40% do Regime Geral da Previdência Social, ou seja, R$ 2.212,52 (com base nos valores de 2017).

Importante destacar a mudança feita neste dispositivo, já que a redação anterior fixava o montante para concessão da justiça gratuita no dobro do salário mínimo.

Ainda, a inclusão do § 4º dispõe que o benefício da justiça gratuita será concedido à parte que comprovar a insuficiência de recursos. O legislador deixa claro que se trata de uma imposição, ou seja, uma obrigação do magistrado em conceder o benefício se comprovar a situação de pobreza.

Além do mais, por meio deste dispositivo, até mesmo a empresa poderá gozar do benefício da justiça gratuita se conseguir comprovar a insuficiência de recursos.

Qualquer uma das partes poderá contestar o pedido, juntando provas capazes de descaracterizar a condição de miserabilidade.

O TST já havia se posicionado sobre o tema, por meio da Súmula n. 463[8], que não deverá sofrer alterações em razão deste dispositivo.

Outra despesa processual são os honorários periciais. Anteriormente à reforma trabalhista, o art. 790-B estabelecia que a responsabilidade pelo pagamento dos honorários periciais é da parte sucumbente na perícia, salvo se beneficiária da justiça gratuita. Com a reforma trabalhista, aquele que fora sucumbente na perícia e ainda que goze dos benefícios da justiça gratuita deverá arcar com o pagamento dos honorários periciais.

O § 1º estabelece o valor parâmetro para fixação do valor, que deve obedecer o limite máximo estabelecido pelo Conselho Superior da Justiça do Trabalho[9].

O magistrado poderá parcelar os honorários periciais, e não poderá exigir qualquer adiantamento de valores para realização de perícias. Sobre este tema o TST já havia se posicionado por meio da OJ n. 98 da SBDI-II[10], entretanto, não raros eram os magistrados que exigiam o depósito prévio.

O § 4º inova, complementando o *caput*, ao estabelecer que a União apenas responda pelo pagamento dos honorários periciais quando a parte não obtiver

---

(8) Súmula n. 463 do TST
ASSISTÊNCIA JUDICIÁRIA GRATUITA. COMPROVAÇÃO (conversão da Orientação Jurisprudencial n. 304 da SBDI-1, com alterações decorrentes do CPC de 2015) — Res. n. 219/2017, DEJT divulgado em 28, 29 e 30.6.2017 – republicada – DEJT divulgado em 12, 13 e 14.7.2017
I — A partir de 26.6.2017, para a concessão da assistência judiciária gratuita à pessoa natural, basta a declaração de hipossuficiência econômica firmada pela parte ou por seu advogado, desde que munido de procuração com poderes específicos para esse fim (art. 105 do CPC de 2015);
II — No caso de pessoa jurídica, não basta a mera declaração: é necessária a demonstração cabal de impossibilidade de a parte arcar com as despesas do processo.
(9) Atualmente regulamentado pela Resolução n. 66 de 10 de junho de 2010.
(10) 98. MANDADO DE SEGURANÇA. CABÍVEL PARA ATACAR EXIGÊNCIA DE DEPÓSITO PRÉVIO DE HONORÁRIOS PERICIAIS (nova redação) — DJ 22.8.2005
É ilegal a exigência de depósito prévio para custeio dos honorários periciais, dada a incompatibilidade com o processo do trabalho, sendo cabível o mandado de segurança visando à realização da perícia, independentemente do depósito.

créditos em juízo capazes de suportar a despesa. Ou seja, os honorários periciais deverão ser descontados do crédito do autor.

Melhor explicando, se o autor fizer dez pedidos, incluindo insalubridade e/ou periculosidade e perder este pedido, ganhando os demais, os honorários periciais deverão ser descontados do seu crédito.

Na prática, esta situação já aconteceu por diversas vezes. Não raros os casos de juízes que, ao proferir a sentença, percebiam que o autor recebeu quantia mais do que suficiente para pagar o perito, e lhe incumbiam desse pagamento.

O legislador ainda estende essa possibilidade de desconto a outros processos, seja na própria Justiça do Trabalho, ou mesmo na Justiça Comum.

Vale destacar que o § 4º é matéria da ADI n. 5.766 proposta pela Procuradoria Geral da República em razão de suposta inconstitucionalidade, sob o fundamento de que a gratuidade da justiça atinge todas as despesas processuais.

◈ ◈ ◈

Art. 791-A
Honorários Advocatícios

Inicialmente cumpre reiterar que a reforma trabalhista não acabou com o *jus postulandi*. Entretanto, caso a parte esteja acompanhada de advogado, ou mesmo seja advogado, atuando em causa própria, serão devidos honorários advocatícios na forma de que trata o art. 791-A:

> "Art. 791-A. Ao advogado, ainda que atue em causa própria, serão devidos honorários de sucumbência, fixados entre o mínimo de 5% (cinco por cento) e o máximo de 15% (quinze por cento) sobre o valor que resultar da liquidação da sentença, do proveito econômico obtido ou, não sendo possível mensurá-lo, sobre o valor atualizado da causa.
>
> § 1º Os honorários são devidos também nas ações contra a Fazenda Pública e nas ações em que a parte estiver assistida ou substituída pelo sindicato de sua categoria.
>
> § 2º Ao fixar os honorários, o juízo observará:
>
> I — o grau de zelo do profissional;
>
> II — o lugar de prestação do serviço;
>
> III — a natureza e a importância da causa;

IV — o trabalho realizado pelo advogado e o tempo exigido para o seu serviço.

§ 3º Na hipótese de procedência parcial, o juízo arbitrará honorários de sucumbência recíproca, vedada a compensação entre os honorários.

§ 4º Vencido o beneficiário da justiça gratuita, desde que não tenha obtido em juízo, ainda que em outro processo, créditos capazes de suportar a despesa, as obrigações decorrentes de sua sucumbência ficarão sob condição suspensiva de exigibilidade e somente poderão ser executadas se, nos dois anos subsequentes ao trânsito em julgado da decisão que as certificou, o credor demonstrar que deixou de existir a situação de insuficiência de recursos que justificou a concessão de gratuidade, extinguindo-se, passado esse prazo, tais obrigações do beneficiário.

§ 5º São devidos honorários de sucumbência na reconvenção."

Os honorários advocatícios são devidos no percentual de 5% à 15% sobre o valor que resultar da liquidação da sentença, ou do proveito econômico obtido. Em outras palavras, esse valor é devido sobre a liquidação de cada pedido.

Caso a demanda não tenha proveito econômico, como por exemplo numa ação declaratória, ou mesmo numa ação em que a condenação fora entrega de guias, o valor dos honorários deve ser fixado com base no valor da causa. Neste ponto, importante o papel do magistrado para evitar abusos das partes em fixar valores exorbitantes a fim de conseguir honorários elevados. Pode o juiz de ofício reajustar o valor da causa (art. 292, § 3º, do CPC)[11].

Caso a parte esteja assistida ou substituída por sindicato também haverá honorários advocatícios, bem como nas ações promovidas em face da Fazenda Pública.

O § 2º estabelece os critérios que o magistrado deverá analisar ao fixar os honorários: a) o grau de zelo do profissional; b) o lugar de prestação do serviço; c) a natureza e a importância da causa; d) o trabalho realizado pelo advogado e o tempo exigido para o seu serviço.

---

(11) Art. 292. O valor da causa constará da petição inicial ou da reconvenção e será:
[...]
§ 3º O juiz corrigirá, de ofício e por arbitramento, o valor da causa quando verificar que não corresponde ao conteúdo patrimonial em discussão ou ao proveito econômico perseguido pelo autor, caso em que se procederá ao recolhimento das custas correspondentes.

Caso a sentença seja procedente em parte, ou seja, que o autor teve êxito em parte dos seus pedidos, haverá honorários advocatícios a seu favor sobre as verbas que lhe foram favoráveis, bem como deverá pagar à parte contrária honorários sobre os pedidos que foi sucumbente, sendo vedada a compensação dos honorários.

Os honorários advocatícios são devidos, também, nas reconvenções.

O § 4º gera muita polêmica. Na opinião de muitos até inconstitucionalidade, inclusive sendo tema da ADI n. 5.766 proposta pela Procuradoria Geral da República. Por meio deste parágrafo, ainda que beneficiário da justiça gratuita, a parte deverá pagar os honorários advocatícios sobre os pedidos que fora sucumbente, ou mesmo em caso de improcedência da ação. O magistrado está inclusive autorizado a descontar os honorários advocatícios de eventual crédito que tenha a receber naquele processo ou em outro que tramita em qualquer órgão do Poder Judiciário.

Exemplificando, caso a parte autora ajuíze uma demanda pleiteando verbas rescisórias e horas extras, e tenha êxito apenas nas verbas rescisórias, a parte ré deverá pagar honorários advocatícios sobre as verbas rescisórias, e receberá honorários advocatícios sobre as horas extras.

Outra discussão que surge, é no sentido da procedência parcial em razão do valor. Vejamos. A parte pleiteia danos extrapatrimoniais no montante de R$ 40 mil reais, mas o magistrado qualifica o dano como sendo de natureza leve[12] e fixa o valor indenizatório em R$ 10 mil reais, de modo que parte autora teve êxito em parte do pedido. Neste caso, entendemos que não são devidos honorários advocatícios pela sucumbência no valor, uma vez que a parte teve seu pedido provido.

Caso a parte não tenha qualquer crédito, a execução ficará suspensa por dois anos, podendo ser executada caso o credor comprove que a parte passou a ter recursos capazes de satisfazer a execução da verba advocatícia.

Importante, também, trazer ao debate outros dispositivos do CPC que podem ser aplicados no Processo do Trabalho que versam sobre os honorários advocatícios. Isto porque a CLT é omissa quanto ao tema, e em caso de omissão poderá ser aplicado o CPC.

São eles:

> Art. 85. A sentença condenará o vencido a pagar honorários ao advogado do vencedor.

---

(12) *Vide* comentários ao art. 223-G

§ 1º São devidos honorários advocatícios na reconvenção, no cumprimento de sentença, provisório ou definitivo, na execução, resistida ou não, e nos recursos interpostos, cumulativamente.

§ 2º Os honorários serão fixados entre o mínimo de dez e o máximo de vinte por cento sobre o valor da condenação, do proveito econômico obtido ou, não sendo possível mensurá-lo, sobre o valor atualizado da causa, atendidos:

I — o grau de zelo do profissional;

II — o lugar de prestação do serviço;

III — a natureza e a importância da causa;

IV — o trabalho realizado pelo advogado e o tempo exigido para o seu serviço.

§ 3º Nas causas em que a Fazenda Pública for parte, a fixação dos honorários observará os critérios estabelecidos nos incisos I a IV do § 2º e os seguintes percentuais:

I — mínimo de dez e máximo de vinte por cento sobre o valor da condenação ou do proveito econômico obtido até 200 (duzentos) salários mínimos;

II — mínimo de oito e máximo de dez por cento sobre o valor da condenação ou do proveito econômico obtido acima de 200 (duzentos) salários mínimos até 2.000 (dois mil) salários mínimos;

III — mínimo de cinco e máximo de oito por cento sobre o valor da condenação ou do proveito econômico obtido acima de 2.000 (dois mil) salários mínimos até 20.000 (vinte mil) salários mínimos;

IV — mínimo de três e máximo de cinco por cento sobre o valor da condenação ou do proveito econômico obtido acima de 20.000 (vinte mil) salários mínimos até 100.000 (cem mil) salários mínimos;

V — mínimo de um e máximo de três por cento sobre o valor da condenação ou do proveito econômico obtido acima de 100.000 (cem mil) salários mínimos.

§ 4º Em qualquer das hipóteses do § 3º:

I — os percentuais previstos nos incisos I a V devem ser aplicados desde logo, quando for líquida a sentença;

II — não sendo líquida a sentença, a definição do percentual, nos termos previstos nos incisos I a V, somente ocorrerá quando liquidado o julgado;

III — não havendo condenação principal ou não sendo possível mensurar o proveito econômico obtido, a condenação em honorários dar-se-á sobre o valor atualizado da causa;

IV — será considerado o salário-mínimo vigente quando prolatada sentença líquida ou o que estiver em vigor na data da decisão de liquidação.

§ 5º Quando, conforme o caso, a condenação contra a Fazenda Pública ou o benefício econômico obtido pelo vencedor ou o valor da causa for superior ao valor previsto no inciso I do § 3º, a fixação do percentual de honorários deve observar a faixa inicial e, naquilo que a exceder, a faixa subsequente, e assim sucessivamente.

§ 6º Os limites e critérios previstos nos §§ 2º e 3º aplicam-se independentemente de qual seja o conteúdo da decisão, inclusive aos casos de improcedência ou de sentença sem resolução de mérito.

§ 7º Não serão devidos honorários no cumprimento de sentença contra a Fazenda Pública que enseje expedição de precatório, desde que não tenha sido impugnada.

§ 8º Nas causas em que for inestimável ou irrisório o proveito econômico ou, ainda, quando o valor da causa for muito baixo, o juiz fixará o valor dos honorários por apreciação equitativa, observando o disposto nos incisos do § 2º.

§ 9º Na ação de indenização por ato ilícito contra pessoa, o percentual de honorários incidirá sobre a soma das prestações vencidas acrescida de 12 (doze) prestações vincendas.

§ 10. Nos casos de perda do objeto, os honorários serão devidos por quem deu causa ao processo.

§ 11. O tribunal, ao julgar recurso, majorará os honorários fixados anteriormente levando em conta o trabalho adicional realizado em grau recursal, observando, conforme o caso, o disposto nos §§ 2º a 6º, sendo vedado ao tribunal, no cômputo geral da fixação de honorários devidos ao advogado do vencedor, ultrapassar os respectivos limites estabelecidos nos §§ 2º e 3º para a fase de conhecimento.

§ 12. Os honorários referidos no § 11 são cumuláveis com multas e outras sanções processuais, inclusive as previstas no art. 77.

§ 13. As verbas de sucumbência arbitradas em embargos à execução rejeitados ou julgados improcedentes e em fase de cumprimento de sentença serão acrescidas no valor do débito principal, para todos os efeitos legais.

§ 14. Os honorários constituem direito do advogado e têm natureza alimentar, com os mesmos privilégios dos créditos oriundos da legislação do trabalho, sendo vedada a compensação em caso de sucumbência parcial.

§ 15. O advogado pode requerer que o pagamento dos honorários que lhe caibam seja efetuado em favor da sociedade de advogados que integra na qualidade de sócio, aplicando-se à hipótese o disposto no § 14.

§ 16. Quando os honorários forem fixados em quantia certa, os juros moratórios incidirão a partir da data do trânsito em julgado da decisão.

§ 17. Os honorários serão devidos quando o advogado atuar em causa própria.

§ 18. Caso a decisão transitada em julgado seja omissa quanto ao direito aos honorários ou ao seu valor, é cabível ação autônoma para sua definição e cobrança.

§ 19. Os advogados públicos perceberão honorários de sucumbência, nos termos da lei.

Art. 86. Se cada litigante for, em parte, vencedor e vencido, serão proporcionalmente distribuídas entre eles as despesas.

Parágrafo único. Se um litigante sucumbir em parte mínima do pedido, o outro responderá, por inteiro, pelas despesas e pelos honorários.

Art. 87. Concorrendo diversos autores ou diversos réus, os vencidos respondem proporcionalmente pelas despesas e pelos honorários.

§ 1º A sentença deverá distribuir entre os litisconsortes, de forma expressa, a responsabilidade proporcional pelo pagamento das verbas previstas no *caput*.

§ 2º Se a distribuição de que trata o § 1º não for feita, os vencidos responderão solidariamente pelas despesas e pelos honorários.

Art. 88. Nos procedimentos de jurisdição voluntária, as despesas serão adiantadas pelo requerente e rateadas entre os interessados.

Art. 89. Nos juízos divisórios, não havendo litígio, os interessados pagarão as despesas proporcionalmente a seus quinhões.

Art. 90. Proferida sentença com fundamento em desistência, em renúncia ou em reconhecimento do pedido, as despesas e os honorários serão pagos pela parte que desistiu, renunciou ou reconheceu.

§ 1º Sendo parcial a desistência, a renúncia ou o reconhecimento, a responsabilidade pelas despesas e pelos honorários será proporcional à parcela reconhecida, à qual se renunciou ou da qual se desistiu.

§ 2º Havendo transação e nada tendo as partes disposto quanto às despesas, estas serão divididas igualmente.

§ 3º Se a transação ocorrer antes da sentença, as partes ficam dispensadas do pagamento das custas processuais remanescentes, se houver.

§ 4º Se o réu reconhecer a procedência do pedido e, simultaneamente, cumprir integralmente a prestação reconhecida, os honorários serão reduzidos pela metade.

Começaremos nosso estudo pelo § 10 do art. 85, que trata de importante mudança principiológica trazida pelo CPC/15, como bem exposto por Cássio Scarpinella:

> "Havendo perda do objeto, os honorários serão devidos por quem deu causa ao processo (art. 85, § 10). A redação do dispositivo, ao empregar nessa (e só nessa) hipótese, convida à reflexão sobre se o CPC de 2015 não inovou em relação ao CPC de 1973 no que diz respeito ao princípio vetor da responsabilidade pelas despesas e pelos honorários. Abandonando o da causalidade, reservando-o somente para a hipótese aqui referida, passando a ser regido pelo da sucumbência como sugere a letra do *caput* do art. 85."[13]

Por meio do § 10, a parte que ajuizar demanda e esta perder o seu objeto, alguma das partes deverá ser condenada em honorários advocatícios por ter "dado causa" à demanda, devendo o magistrado analisar a parte que o fez.

O art. 87 dispõe que em havendo várias partes nos polos da demanda, o magistrado deverá fixar a responsabilidade dos honorários advocatícios de cada uma das partes.

---

(13)   BUENO, Cassio Scarpinella. *Manual de direito processual civil*: inteiramente estruturado à luz do novo CPC — Lei n. 13.105, de 16 de março de 2015. São Paulo: Saraiva, 2015. p. 130.

Entendemos ser totalmente aplicável esse dispositivo na seara trabalhista, uma vez que são frequentes as demandas com vários réus. Hipótese em que o magistrado deverá fixar a responsabilidade de cada um pelos honorários, seja em seu recebimento ou seu pagamento, caso não o faça, a responsabilidade pelo pagamento deverá ser feita de modo solidário.

Já o art. 90 do CPC traz outra importante discussão para a Justiça do Trabalho, pois ainda que a parte desista, renuncie ou reconheça o pedido, serão devidos honorários advocatícios sobre esse pedido à parte contrária.

Sobre este tema, retomemos aos ensinamentos de Cassio Scarpinella:

> "O art. 90 ocupa-se com a responsabilidade pelo pagamento das despesas e dos honorários na hipótese de haver sentença com fundamento em desistência, reconhecimento jurídico do pedido ou, ainda, no que o CPC de 2015 inova em relação ao CPC de 1973, ao menos do ponto de vista textual —, renúncia. Nesses casos, as despesas e os honorários serão pagos pela parte que desistiu, reconheceu ou renunciou. O § 1º do art. 90 estabelece que o pagamento das despesas seja proporcional à parcela do que se desistiu, do que se reconheceu ou do que se renunciou. São mais dois elementos importantes para, junto do § 10 do art. 85, passar a entender que a causalidade como fundamento da responsabilização pelas verbas de sucumbência no CPC de 2015 é a exceção e não a regra."

Por fim, o § 4º estabelece que os honorários advocatícios serão reduzidos pela metade se a parte reconhecer o pedido e cumprir a obrigação reconhecida. Esse dispositivo passa a ter importante aplicação na Justiça do Trabalho, pois incentivará o cumprimento dos débitos trabalhistas, facilitando que o empregado receba o que lhe é devido da forma mais rápida possível.

◈ ◈ ◈

Arts. 793-A, 793-B, 793-C e 793-D
Dano Processual (Litigância de Má-fé)

A reforma trabalhista criou um novo título para tratar apenas do Dano Processual:

"TÍTULO X

[...]

CAPÍTULO II

[...]

Seção IV-A
Da Responsabilidade por Dano Processual

'Art. 793-A. Responde por perdas e danos aquele que litigar de má-fé como reclamante, reclamado ou interveniente.'

'Art. 793-B. Considera-se litigante de má-fé aquele que:

I — deduzir pretensão ou defesa contra texto expresso de lei ou fato incontroverso;

II — alterar a verdade dos fatos;

III — usar do processo para conseguir objetivo ilegal;

IV — opuser resistência injustificada ao andamento do processo;

V — proceder de modo temerário em qualquer incidente ou ato do processo;

VI — provocar incidente manifestamente infundado;

VII — interpuser recurso com intuito manifestamente protelatório.'

'Art. 793-C. De ofício ou a requerimento, o juízo condenará o litigante de má-fé a pagar multa, que deverá ser superior a 1% (um por cento) e inferior a 10% (dez por cento) do valor corrigido da causa, a indenizar a parte contrária pelos prejuízos que esta sofreu e a arcar com os honorários advocatícios e com todas as despesas que efetuou.

§ 1º Quando forem dois ou mais os litigantes de má-fé, o juízo condenará cada um na proporção de seu respectivo interesse na causa ou solidariamente aqueles que se coligaram para lesar a parte contrária.

§ 2º Quando o valor da causa for irrisório ou inestimável, a multa poderá ser fixada em até duas vezes o limite máximo dos benefícios do Regime Geral de Previdência Social.

§ 3º O valor da indenização será fixado pelo juízo ou, caso não seja possível mensurá-lo, liquidado por arbitramento ou pelo procedimento comum, nos próprios autos.'

'Art. 793-D. Aplica-se a multa prevista no art. 793-C desta Consolidação à testemunha que intencionalmente alterar a verdade dos fatos ou omitir fatos essenciais ao julgamento da causa.

Parágrafo único. A execução da multa prevista neste artigo dar-se-á nos mesmos autos.'"

A responsabilidade por dano processual também é conhecida por litigância de má-fé. A utilização deste instituto não é novidade no Direito do Trabalho, já que era previsto inclusive no CPC de 1973. Na prática, a utilização da litigância de má-fé sempre foi recorrente, ainda que não frequente.

A inovação deste dispositivo é a positivação do instituto nas leis celetistas, uma vez que a utilização era feita por meio do art. 879 da CLT, demonstrando a intenção do legislador para que este dispositivo seja aplicado com mais veemência no Direito do Trabalho.

Os arts. 793-A a 793-C são transcrições quase literais dos arts. 79 a 81 do CPC/15. Eles estabelecem a possibilidade do magistrado de aplicar a multa por litigância de má-fé de ofício ou a requerimento das partes, e que esta deverá ser superior a 1% e inferior à 10% do valor da causa. Além do mais, o infrator deverá indenizar a parte contrária pelos prejuízos sofridos, inclusive honorários advocatícios.

O rol do art. 793-B estabelece os comportamentos que ensejam a aplicação da referida multa. No cenário atual, mais do que nunca as partes devem agir com boa-fé e lealdade, não abusando de seu direito para buscar prejuízo a outrem.

Outra inovação é o art. 793-D, que trata da possibilidade de aplicação de multa por litigância de má-fé contra a testemunha que intencionalmente alterar a verdade dos fatos ou omitir fatos essenciais ao julgamento da causa.

Data maxima venia, entendemos ser desnecessário. A testemunha que alterar a verdade dos fatos estará cometendo o crime de falso testemunho (art. 342 do Código Penal)[14]. O dispositivo penal prevê ainda a aplicação de multa ao infrator, o que pode gerar verdadeiro *bis in idem*, uma vez que será condenado ao pagamento de duas multas pelo mesmo fato.

---

(14)　Art. 342. Fazer afirmação falsa, ou negar ou calar a verdade como testemunha, perito, contador, tradutor ou intérprete em processo judicial, ou administrativo, inquérito policial, ou em juízo arbitral: (Redação dada pela Lei n. 10.268, de 28.8.2001)
Pena — reclusão, de 2 (dois) a 4 (quatro) anos, e multa. (Redação dada pela Lei n. 12.850, de 2013) (Vigência)
§ 1º As penas aumentam-se de um sexto a um terço, se o crime é praticado mediante suborno ou se cometido com o fim de obter prova destinada a produzir efeito em processo penal, ou em processo civil em que for parte entidade da administração pública direta ou indireta. (Redação dada pela Lei n. 10.268, de 28.8.2001)
§ 2º O fato deixa de ser punível se, antes da sentença no processo em que ocorreu o ilícito, o agente se retrata ou declara a verdade. (Redação dada pela Lei n. 10.268, de 28.8.2001)

O parágrafo único estabelece que a execução da multa contra a testemunha será feita nos mesmos autos. A testemunha não é parte no processo, mas passará a integrá-lo quando da aplicação da multa.

Na forma do art. 793-C o juiz também fixará a multa à testemunha em valor que deverá ser superior a 1% e inferior a 10% do valor da causa, destinada à parte contrária que levou a testemunha infratora.

◈ ◈ ◈

Art. 800
Exceção de Incompetência

A partir de agora, a exceção de incompetência territorial terá um procedimento específico na Justiça do Trabalho. Até então a exceção apresentada juntamente com a contestação na audiência. Cumpre esclarecer que o dispositivo é restrito à exceção de incompetência territorial.

Em muitos casos, esta situação poderia causar diversos prejuízos à parte ré, pois teria que comparecer à audiência, deslocando-se a um local fora de sua localidade, para só então arguir a exceção de incompetência, causando transtornos que em nada tem relação com a atividade econômica e seus riscos. O empregado não terá qualquer prejuízo com esta mudança, pois ainda poderá propor a Reclamação Trabalhista onde julgar correto.

O art. 800 passou a ter seguinte redação:

> "Art. 800. Apresentada exceção de incompetência territorial no prazo de cinco dias a contar da notificação, antes da audiência e em peça que sinalize a existência desta exceção, seguir-se-á o procedimento estabelecido neste artigo.
>
> § 1º Protocolada a petição, será suspenso o processo e não se realizará a audiência a que se refere o art. 843 desta Consolidação até que se decida a exceção.
>
> § 2º Os autos serão imediatamente conclusos ao juiz, que intimará o reclamante e, se existentes, os litisconsortes, para manifestação no prazo comum de cinco dias.
>
> § 3º Se entender necessária a produção de prova oral, o juízo designará audiência, garantindo o direito de o excipiente e de suas

testemunhas serem ouvidos, por carta precatória, no juízo que este houver indicado como competente.

§ 4º Decidida a exceção de incompetência territorial, o processo retomará seu curso, com a designação de audiência, a apresentação de defesa e a instrução processual perante o juízo competente." (NR)

Depois de notificada da demanda, a parte ré terá prazo de cinco dias para apresentar a exceção de incompetência, em peça autônoma. Cumpre esclarecer que este prazo é preclusivo. Transcorrido os cinco dias, considerar-se-á que a parte concordou que a demanda transcorresse naquela localidade, já que estamos tratando de incompetência relativa. Por sua vez, a incompetência absoluta não segue a regra prevista no art. 800.

Ao receber a exceção de incompetência territorial o magistrado deverá suspender o processo e não poderá realizar a audiência até que haja uma decisão sobre a competência territorial.

A parte autora e eventuais litisconsortes terão prazo de cinco dias para se manifestarem sobre a exceção e não mais 24 horas. Após, o juiz decidirá sobre a competência, podendo, inclusive, marcar audiência, apenas para decidir sobre este tema, ou mesmo expedir carta precatória para ouvir testemunhas em outras localidades.

Decidida a exceção, o processo seguirá seu curso, com a apresentação de contestação e a realização de audiência.

A decisão que julgar a exceção, tem natureza interlocutória, e não caberá recurso de imediato, podendo ser atacada quando da interposição de recurso ordinário.

◈ ◈ ◈

Art. 818
Ônus da Prova

Art. 818. O ônus da prova incumbe:

I — ao reclamante, quanto ao fato constitutivo de seu direito;

II — ao reclamado, quanto à existência de fato impeditivo, modificativo ou extintivo do direito do reclamante.

§ 1º Nos casos previstos em lei ou diante de peculiaridades da causa relacionadas à impossibilidade ou à excessiva dificuldade de cumprir o encargo nos termos deste artigo ou à maior facilidade de obtenção da prova do fato contrário, poderá o juízo atribuir o ônus da prova de modo diverso, desde que o faça por decisão fundamentada, caso em que deverá dar à parte a oportunidade de se desincumbir do ônus que lhe foi atribuído.

§ 2º A decisão referida no § 1º deste artigo deverá ser proferida antes da abertura da instrução e, a requerimento da parte, implicará o adiamento da audiência e possibilitará provar os fatos por qualquer meio em direito admitido.

§ 3º A decisão referida no § 1º deste artigo não pode gerar situação em que a desincumbência do encargo pela parte seja impossível ou excessivamente difícil. (NR)

Quanto ao ônus da prova, o art. 818 foi devidamente modificado, eis que a redação anterior era simples, e necessitava de aplicação complementar dos dispositivos do CPC, trazendo a seguinte redação: "O ônus de provar as alegações incumbe à parte que as fizer".

Importante destacar que o *caput* e os incisos da redação atual já eram aplicados no processo do trabalho, mesmo antes da reforma trabalhista e que são transcrições quase literais do CPC.

Como traz Carlos Henrique Bezerra Leite:

> "O art. 818 da CLT estabelece textualmente que o 'ônus de provar as alegações incumbe à parte que as fizer'. Essa regra, que tem origem em 1943 e dada a sua excessiva simplicidade, cedeu lugar não obstante a inexistências de omissão do texto consolidado, à aplicação sistemática do art. 373 do NCPC, segundo o qual cabe ao autor a demonstração dos fatos constitutivos do seu direito e ao réu, a dos fatos impeditivos, extintivos e modificativos do alegado direito do autor."[15]

O § 1º traz inovação processual nas regras trabalhistas, mas que também fora inovada pelo CPC de 2015.

Por meio deste o juiz poderá modificar as regras previstas no *caput*, alterando o ônus probatório das partes. Cumpre esclarecer que este procedimento só poderá ser feito mediante decisão fundamentada do juiz, antes da abertura

---

(15) LEITE, Carlos Henrique Bezerra. *Curso de direito processual do trabalho*. 14. ed. de acordo com o novo CPC — Lei n. 13.105, de 16-3-2015. São Paulo: Saraiva, 2016. p. 759.

da instrução e nos casos previstos em lei, ou quando o magistrado perceber a excessiva dificuldade de produzir provas do fato.

Além disso, na forma do § 3º, a alteração realizada pelo juiz não poderá gerar a chamada "prova diabólica", a prova negativa de um fato específico. Gerando ônus impossível ou extremamente difícil.

Por fim, após decidir pela inversão do ônus da prova e caso a parte venha requerer, o juiz deverá adiar a audiência, para que essa possa buscar meios de produzir a prova. Como a audiência é Una, não haverá outro momento para produção de provas. Com o novo ônus probatório, a parte poderá ter nova chance de juntar documentos ao processo, e trazer outras testemunhas a fim de buscar se desincumbir do ônus que lhe fora imposto pelo juiz.

◆ ◆ ◆

Art. 840
Reclamação Trabalhista (Petição Inicial)

O art. 840 teve as seguintes modificações:

"Art. 840. [...]

§ 1º Sendo escrita, a reclamação deverá conter a designação do juízo, a qualificação das partes, a breve exposição dos fatos de que resulte o dissídio, o pedido, que deverá ser certo, determinado e com indicação de seu valor, a data e a assinatura do reclamante ou de seu representante[16].

§ 2º Se verbal, a reclamação será reduzida a termo, em duas vias datadas e assinadas pelo escrivão ou secretário, observado, no que couber, o disposto no § 1º deste artigo.

§ 3º Os pedidos que não atendam ao disposto no § 1º deste artigo serão julgados extintos sem resolução do mérito." (NR)

Inicialmente, importante destacar que não houve o fim do *jus postulandi* na Justiça do Trabalho, continuando esta com todos os princípios protetores do empregado, em suas mais diversas formas.

---

(16) Em recente decisão, a Seção de Dissídios Individuais n. 4 (SDI-4) do TRT da 2ª Região decidiu que as demandas ajuizadas antes da entrada em vigor da reforma trabalhista não necessita de liquidação. (Proc. 10040533520175020000, Rel. Des. Dâmia Avoli).

O que ocorreu, de fato, foi uma regulamentação da petição escrita. Atualmente são raríssimos os casos de reclamação oral, sendo a reclamação física a forma mais comum, e até então seus requisitos eram bem simples: "a designação do Presidente da Junta, ou do juiz de direito a quem for dirigida, a qualificação do reclamante e do reclamado, uma breve exposição dos fatos de que resulte o dissídio, o pedido, a data e a assinatura do reclamante ou de seu representante".

Os processos passaram a ser mais complexos, e por isso houve a necessidade de mudanças quanto aos requisitos, mas ainda assim, não houve nenhuma grande inovação no tema.

A única alteração foi quanto ao pedido, que deverá ser certo, determinado e com indicação de seu valor. No rito sumaríssimo, este procedimento já era observado, agora passou a ser obrigação também para o rito ordinário.

O pedido certo e determinado também não é nenhuma novidade, pois este requisito já era seguido há muito tempo pela doutrina processual trabalhista, com fundamento nas fontes do direito processual civil.

A indicação do valor também possui fundamento no próprio art. 791-A que prevê os honorários sucumbenciais. Ora, se não houver designação do valor, como poderão ser aplicados honorários?!

O entendimento majoritário sobre este dispositivo é de que não há a necessidade de realizar uma liquidação da petição inicial, mas apenas uma indicação razoável de seu valor. Caso a parte contrária entenda que o valor indicado está equivocado, poderá requerer sua correção em sede de contestação. O juiz também poderá fazê-lo de ofício.

Entendemos, ainda que o valor indicado não deve limitar a liquidação, já que a lei não menciona que a petição deverá ser liquidada, mas apenas com indicação de seu valor.

◈ ◈ ◈

Art. 841
Contestação

A partir de agora, o reclamante não poderá mais desistir da ação após a apresentação da contestação, sem que haja o consentimento do reclamado.

Havia controvérsia se, por apresentar a contestação antes da audiência por via eletrônica, o reclamante poderia desistir da ação, e o § 3º veio sacramentar a discussão:

"Art. 841. [...]

[...]

§ 3º Oferecida a contestação, ainda que eletronicamente, o reclamante não poderá, sem o consentimento do reclamado, desistir da ação." (NR)

Por sua vez, o parágrafo único do art. 847 veio apenas reiterar que a contestação poderá ser apresentada também por via escrita, pelo sistema do PJe, até o horário da audiência, consagrando a utilização dos meios tecnológicos no processo do trabalho.

"Art. 847. [...]

Parágrafo único. A parte poderá apresentar defesa escrita pelo sistema de processo judicial eletrônico até a audiência." (NR)

◈   ◈   ◈

Arts. 843, 844 e 847
Audiência

No que tange à realização de audiência, era comum que as empresas não fossem representadas por seus sócios, mas sim por prepostos.

Não existia previsão expressa de que o preposto devesse ser empregado do reclamado. Mas este era o entendimento pacificado do C. TST, salvo no caso de microempresas, empresas de pequeno porte ou do empregador doméstico, conforme Súmula n. 377:

Súmula n. 377 do TST

PREPOSTO. EXIGÊNCIA DA CONDIÇÃO DE EMPREGADO (nova redação) — Res. n. 146/2008, DJ 28.4.2008, 2 e 5.5.2008

Exceto quanto à reclamação de empregado doméstico, ou contra micro ou pequeno empresário, o preposto deve ser necessariamente empregado do reclamado. Inteligência do art. 843, § 1º, da CLT e do art. 54 da Lei Complementar n. 123, de 14 de dezembro de 2006.

Este entendimento figurou durante muitos anos na Justiça do Trabalho, e agora não mais é necessário que o preposto seja empregado do reclamado, conforme previsão do § 3º do art. 843 abaixo transcrito. Mas o preposto deve continuar tendo conhecimento dos fatos, caso contrário o seu depoimento servirá como confissão.

"Art. 843. [...]

[...]

§ 3º O preposto a que se refere o § 1º deste artigo não precisa ser empregado da parte reclamada." (NR)

Outra mudança é a prevista nos parágrafos do art. 844, que trata dos efeitos da ausência das partes na audiência:

"Art. 844. [...]

§ 1º Ocorrendo motivo relevante, poderá o juiz suspender o julgamento, designando nova audiência.

§ 2º Na hipótese de ausência do reclamante, este será condenado ao pagamento das custas calculadas na forma do art. 789 desta Consolidação, ainda que beneficiário da justiça gratuita, salvo se comprovar, no prazo de quinze dias, que a ausência ocorreu por motivo legalmente justificável.

§ 3º O pagamento das custas a que se refere o § 2º é condição para a propositura de nova demanda.

§ 4º A revelia não produz o efeito mencionado no *caput* deste artigo se:

I — havendo pluralidade de reclamados, algum deles contestar a ação;

II — o litígio versar sobre direitos indisponíveis;

III — a petição inicial não estiver acompanhada de instrumento que a lei considere indispensável à prova do ato;

IV — as alegações de fato formuladas pelo reclamante forem inverossímeis ou estiverem em contradição com prova constante dos autos.

§ 5º Ainda que ausente o reclamado, presente o advogado na audiência, serão aceitos a contestação e os documentos eventualmente apresentados." (NR)

Antes da entrada em vigor da reforma trabalhista, a ausência do reclamado em audiência gerava a revelia quanto à matéria fática. Por outro lado, a ausência do reclamante na primeira audiência gerava o arquivamento da demanda, sem maiores efeitos. Isto se dá pelo princípio da proteção, em sua vertente processual, para garantir que não ocorressem os efeitos da revelia ao empregado.

Alvo de diversas críticas, o § 2º mantém o arquivamento caso o empregado não compareça à audiência. Entretanto estabelece que este deverá arcar com as custas processuais, ainda que beneficiário da justiça gratuita, na hipótese de não comprovação que a ausência ocorreu por motivo legalmente justificável.

O magistrado deverá analisar se o motivo alegado é justificável, porém não há qualquer definição sobre o que se considera por "motivo justificável". O prazo de quinze dias deverá ser contado da data da audiência. Sendo desnecessária qualquer intimação para tanto.

O § 3º estabelece que o pagamento das custas é condição para a propositura de nova ação, ou seja, se não realizar o pagamento das custas na demanda arquivada, a nova deverá ser extinta sem resolução do mérito, ou suspensa até que o autor regularize a sua obrigação no processo anterior.

Por mais que possa espantar os juslaboralistas, este instituto já era previsto no Código de Processo Civil, em seu art. 92:

> Art. 92. Quando, a requerimento do réu, o juiz proferir sentença sem resolver o mérito, o autor não poderá propor novamente a ação sem pagar ou depositar em cartório as despesas e os honorários a que foi condenado.

Cassio Scarpinella Bueno diz que:

> "O art. 92 trata da obrigação de o autor, quando houver o proferimento da sentença sem resolução de mérito a requerimento do réu, deve pagar ou depositar em cartório as despesas e os honorários a que foi condenado, sob pena de, não o fazendo, não poder propor demandar novamente. O dispositivo é flagrantemente inconstitucional porque atrita com o art. 5º, XXXV, da CF. A cobrança das despesas e dos honorários gerados pelo processo anterior não pode ser óbice para ingressar no Judiciário, ainda que para discutir a mesma afirmação de direito."[17]

Ainda no que tange o art. 92 do CPC, já existe uma ADI para analisar a inconstitucionalidade apontada por Scarpinella, ADI n. 5.492, cujo relator é o

---

(17) BUENO, Cassio Scarpinella. *Manual de direito processual civil*: inteiramente estruturado à luz do novo CPC — Lei n. 13.105, de 16 de março de 2015. São Paulo: Saraiva, 2015. p. 132.

Ministro Dias Toffoli. A nosso ver, a decisão dessa ADI servirá também para apreciar eventual inconstitucionalidade do § 3º do art. 844 da CLT. Ainda assim, este dispositivo é matéria da ADI n. 5.766 proposta pela Procuradoria Geral da República.

Entendemos que por si só a necessidade do pagamento das custas não gera inconstitucionalidade, mas condicioná-lo para propositura de nova demanda, ainda que beneficiário da justiça gratuita fere o acesso do cidadão à Justiça.

Ora, se a parte alega não ter condições financeiras para ingressar no Judiciário e o Estado lhe concede o benefício da justiça gratuita, não deve exigir o pagamento das custas. Sendo estas condutas incompatíveis entre si.

Em nosso entendimento, o legislador poderia aplicar instituto diverso das custas, como por exemplo, a multa por litigância de má-fé ou dano processual (arts. 793-A e ss.) à parte que se não compareceu à audiência.

O § 4º trata das hipóteses em que não serão aplicados efeitos da revelia, ainda que a parte esteja ausente. Este dispositivo é cópia do art. 345 do CPC:

> Art. 345. A revelia não produz o efeito mencionado no art. 344 se:
>
> I — havendo pluralidade de réus, algum deles contestar a ação;
>
> II — o litígio versar sobre direitos indisponíveis;
>
> III — a petição inicial não estiver acompanhada de instrumento que a lei considere indispensável à prova do ato;
>
> IV — as alegações de fato formuladas pelo autor forem inverossímeis ou estiverem em contradição com prova constante dos autos.

No inciso I temos a demanda que envolve mais de um reclamado, e se qualquer um deles contestar a ação, não será aplicada a revelia. Não basta contestar o processo, a contestação deve ser específica sobre cada pedido formulado na reclamação trabalhista. Caso algum dos pedidos não seja contestado, haverá a revelia.

Já o inciso II trata dos direitos indisponíveis. Sobre eles não se aplicará a revelia.

A revelia não terá efeito se o autor deixar de juntar algum documento indispensável à prova do ato, como por exemplo, alguma norma coletiva, previsão esta do inciso III.

Por fim, o inciso IV, trata das alegações inverossímeis ou em contradição com a prova dos autos. O magistrado poderá perceber que algum dos pedidos feitos não é crível e por isso deixar de aplicar os efeitos da revelia sobre este pedido.

Já o § 5º, dispõe que caso o reclamado esteja ausente, e o advogado esteja presente, o magistrado deverá aceitar a contestação com os documentos juntados.

A Súmula n. 122 do C. TST tem entendimento contrário a este dispositivo:

> REVELIA. ATESTADO MÉDICO (incorporada a Orientação Jurisprudencial n. 74 da SBDI-1) — Res. n. 129/2005, DJ 20, 22 e 25.4.2005
>
> A reclamada, ausente à audiência em que deveria apresentar defesa, é revel, ainda que presente seu advogado munido de procuração, podendo ser ilidida a revelia mediante a apresentação de atestado médico, que deverá declarar, expressamente, a impossibilidade de locomoção do empregador ou do seu preposto no dia da audiência. (Primeira parte — ex-OJ n. 74 da SBDI-1 — inserida em 25.11.1996; segunda parte — ex-Súmula n. 122 — alterada pela Res. n. 121/2003, DJ 21.11.2003)

A partir de agora, será necessária a produção de provas mesmo em caso de ausência da parte reclamada, já que a contestação fora juntada acompanhada de documentos.

Por fim, importante destacar que o TRT da 2ª Região já possuía uma Tese Jurídica Prevalecente no sentido do § 5º:

> 1 — AUSÊNCIA DA PARTE RECLAMADA EM AUDIÊNCIA. CONSEQUÊNCIA PROCESSUAL. CONFISSÃO. (Res. TP n. 3/2015 — DOEletrônico 26.5.2015)
>
> A presença de advogado munido de procuração revela *animus* de defesa que afasta a revelia. A ausência da parte reclamada à audiência na qual deveria apresentar defesa resulta apenas na sua confissão.

◈ ◈ ◈

Art. 855-A. Incidente de Desconsideração da Personalidade Jurídica

A Lei n. 13.467/2017 trouxe para a CLT um procedimento já previsto no CPC e que já era aplicado na Justiça do Trabalho, inclusive trazido na Instrução Normativa n. 39 do TST, que fora praticamente transcrita para o dispositivo 855-A:

"TÍTULO X

[...]

CAPÍTULO III

[...]

Seção IV

Do Incidente de Desconsideração da Personalidade Jurídica

'Art. 855-A. Aplica-se ao processo do trabalho o incidente de desconsideração da personalidade jurídica previsto nos arts. 133 a 137 da Lei n. 13.105, de 16 de março de 2015 — Código de Processo Civil.

§ 1º Da decisão interlocutória que acolher ou rejeitar o incidente:

I — na fase de cognição, não cabe recurso de imediato, na forma do § 1º do art. 893 desta Consolidação;

II — na fase de execução, cabe agravo de petição, independentemente de garantia do juízo;

III — cabe agravo interno se proferida pelo relator em incidente instaurado originariamente no tribunal.

§ 2º A instauração do incidente suspenderá o processo, sem prejuízo de concessão da tutela de urgência de natureza cautelar de que trata o art. 301 da Lei n. 13.105, de 16 de março de 2015 (Código de Processo Civil).'

Por meio deste procedimento, a parte ou o Ministério Público (nas ações em que tiver competência), deverão requerer a desconsideração da personalidade jurídica da empresa, para que a execução possa tramitar perante o sócio desta.

Este procedimento poderá ser requerido em qualquer fase processual, devendo a parte fundamentar o motivo da desconsideração. Como por exemplo, a insolvência da empresa, ou mesmo a informação de que o sócio pode estar tentando fraudar a execução (art. 792, V, do CPC).

É cabível de forma expressa a desconsideração inversa da personalidade jurídica, quando um devedor é sócio numa outra empresa, esta poderá ser responsabilizada pelas dívidas de seu sócio inadimplente.

A desconsideração não poderá mais ser feita de ofício pelo juiz, até em razão do art. 878 da CLT. Após aceita, deverá haver a citação do sócio para manifestar-se e requerer as provas cabíveis (ex.: juntada de documentos, oitiva das partes e testemunhas) no prazo de 15 dias.

Assim, não mais poderá o sócio ter suas contas ou bens penhorados para posteriormente ser citado da desconsideração da personalidade jurídica, salvo no caso de tutela de urgência. Entretanto, para garantir o cumprimento da execução, deverá ser feita a comunicação ao distribuidor, evitando-se, assim, a fraude à execução.

Da decisão do magistrado sobre este incidente:

> a) Na fase de conhecimento, não cabe recurso imediato. A parte deverá aguardar o proferimento da sentença e interpor Recurso Ordinário.

> b) Na fase de execução, caberá agravo de petição, sendo desnecessária a garantia do juízo.

> c) Em instância superior, por decisão proferida pelo Relator, caberá agravo interno.

◆ ◆ ◆

Arts. 652, 855-B, 855-C, 855-D e 855-E
Homologação de Acordo Extrajudicial

"Art. 652. Compete às Varas do Trabalho:

[...]

f) decidir quanto à homologação de acordo extrajudicial em matéria de competência da Justiça do Trabalho.

CAPÍTULO III-A
DO PROCESSO DE JURISDIÇÃO VOLUNTÁRIA
PARA HOMOLOGAÇÃO DE ACORDO EXTRAJUDICIAL

'Art. 855-B. O processo de homologação de acordo extrajudicial terá início por petição conjunta, sendo obrigatória a representação das partes por advogado.

§ 1º As partes não poderão ser representadas por advogado comum.

§ 2º Faculta-se ao trabalhador ser assistido pelo advogado do sindicato de sua categoria.'

> 'Art. 855-C. O disposto neste Capítulo não prejudica o prazo estabelecido no § 6º do art. 477 desta Consolidação e não afasta a aplicação da multa prevista no § 8º art. 477 desta Consolidação.'
>
> 'Art. 855-D. No prazo de quinze dias a contar da distribuição da petição, o juiz analisará o acordo, designará audiência se entender necessário e proferirá sentença.'
>
> 'Art. 855-E. A petição de homologação de acordo extrajudicial suspende o prazo prescricional da ação quanto aos direitos nela especificados.
>
> Parágrafo único. O prazo prescricional voltará a fluir no dia útil seguinte ao do trânsito em julgado da decisão que negar a homologação do acordo.'"

O legislador criou um novo instituto na Justiça do Trabalho que é o processo de jurisdição voluntária, por meio do qual as partes buscarão dar maior segurança a um acordo realizado extrajudicialmente.

Para tanto, foi ampliada a competência da Justiça do Trabalho, estabelecendo que esta deva "decidir quanto à homologação de acordo extrajudicial", conforme alínea *f* do art. 652. Já os arts. 855-B a 855-E estabelecem os procedimentos deste novo processo.

As partes deverão ajuizar petição conjunta, sendo assistidas por advogados distintos[18]. Cabe aqui apontar que não é possível o *jus postulandi* neste processo, uma vez que busca dar maior segurança ao empregado, sobre os termos do acordo.

Após o recebimento da petição, o magistrado deverá analisar sua matéria e decidir, em sentença, sobre a homologação ou não do referido acordo, no prazo de quinze dias. Mas a lei não impõe qualquer consequência caso este prazo seja ultrapassado.

O magistrado poderá, também, marcar uma audiência se entender necessário, justamente para que as partes possam ser ouvidas, ou prestem esclarecimento sobre o teor do acordo.

As partes deverão recolher as custas processuais calculadas em 2% sobre o valor do acordo, que serão divididas igualmente por cada uma das partes, salvo estipulação em contrário.

---

(18) O TRT da 2ª Região, por meio de sua Presidência e Corregedoria, emitiu recente comunicado estabelecendo que os advogados de ambas as partes devam fazer a habilitação no sistema PJe.

Como pode ser observado, o magistrado possui extrema importância neste processo. Este deverá analisar os termos do acordo e verificar se não está diante de uma fraude que visa prejudicar o empregado, retirando seus direitos.

Entendemos ser cabível recurso ordinário na hipótese de o magistrado de 1ª instância negar a homologação de acordo, hipótese na qual o Tribunal analisará seus termos e poderá ou não homologá-lo, não cabendo qualquer recurso dessa decisão.

Importante destacar que o ajuizamento de ação de homologação de acordo extrajudicial suspende o prazo prescricional sobre os direitos nela especificados, ou seja, apenas quanto às verbas do acordo.

Exemplificando, se um acordo extrajudicial for feito apenas com relação às horas extras, não há suspensão para o pedido de danos morais. Entretanto, se o acordo der quitação total sobre o contrato de trabalho, a suspensão também será total.

Caso o acordo não seja homologado, o prazo prescricional volta a fluir no dia seguinte ao trânsito em julgado da decisão, correndo pelo período restante.

Por fim, as partes deverão atentar-se que esse processo não suspende o prazo previsto no art. 477, razão pela qual o empregador deverá depositar as verbas rescisórias do empregado conforme ali estabelecido, sob pena de aplicação da multa do referido artigo, uma vez que as verbas rescisórias constituem direito do empregado e são incontroversas.

◇ ◇ ◇

Arts. 876, 878, 879, 882, 883-A e 884
Execução dos Processos

No que tange a execução dos processos, vários foram os dispositivos que sofreram alguma alteração:

"Art. 876. [...]

Parágrafo único. A Justiça do Trabalho executará, de ofício, as contribuições sociais previstas na alínea *a* do inciso I e no inciso II do *caput* do art. 195 da Constituição Federal, e seus acréscimos legais, relativas ao objeto da condenação constante das sentenças que proferir e dos acordos que homologar." (NR)

"Art. 878. A execução será promovida pelas partes, permitida a execução de ofício pelo juiz ou pelo Presidente do Tribunal apenas nos casos em que as partes não estiverem representadas por advogado.

Parágrafo único. (Revogado)." (NR)

"Art. 879. [...]

[...]

§ 2º Elaborada a conta e tornada líquida, o juízo deverá abrir às partes prazo comum de oito dias para impugnação fundamentada com a indicação dos itens e valores objeto da discordância, sob pena de preclusão.

[...]

§ 7º A atualização dos créditos decorrentes de condenação judicial será feita pela Taxa Referencial (TR), divulgada pelo Banco Central do Brasil, conforme a Lei n. 8.177, de 1º de março de 1991." (NR)

"Art. 882. O executado que não pagar a importância reclamada poderá garantir a execução mediante depósito da quantia correspondente, atualizada e acrescida das despesas processuais, apresentação de seguro-garantia judicial ou nomeação de bens à penhora, observada a ordem preferencial estabelecida no art. 835 da Lei n. 13.105, de 16 de março de 2015 — Código de Processo Civil." (NR)

"Art. 883-A. A decisão judicial transitada em julgado somente poderá ser levada a protesto, gerar inscrição do nome do executado em órgãos de proteção ao crédito ou no Banco Nacional de Devedores Trabalhistas (BNDT), nos termos da lei, depois de transcorrido o prazo de quarenta e cinco dias a contar da citação do executado, se não houver garantia do juízo."

"Art. 884. [...]

[...]

§ 6º A exigência da garantia ou penhora não se aplica às entidades filantrópicas e/ou àqueles que compõem ou compuseram a diretoria dessas instituições." (NR)

A mudança da redação do parágrafo único do art. 876 incorpora entendimento jurisprudencial pacificado pelo TST[19] e pelo próprio STF[20], no sentido de que as contribuições sociais serão executadas de ofício pelo juiz. Além disso, limita o pagamento das contribuições ao objeto da sentença condenatória, ou seja, ao valor pecuniário da decisão. Não impondo pagamento das contribuições sociais em caso de sentença declaratória.

A alteração realizada no art. 878 dispõe que a parte deverá promover a execução. Não mais o magistrado de ofício poderá dar início à execução. Salvo se as partes estiverem desacompanhadas de advogado.

Este dispositivo deve ser analisado conjuntamente com o art. 11-A, já que a partir de agora a parte será responsável por dar andamento à execução, e na hipótese de não o fazer, estará sujeita à prescrição intercorrente. Justamente porque o ato executório não mais partirá do juiz.

De um modo geral, este dispositivo é benéfico aos magistrados, pois aliviam uma de suas obrigações que era promover a execução, transferindo-a para a parte competente a fazê-lo, e o magistrado apenas aguardará o requerimento.

A modificação do § 2º do art. 879 da CLT obriga o juiz a dar vista às partes dos cálculos apresentados pelo prazo comum de 8 (oito) dias.

Assim, não mais o devedor terá que garantir o juízo para então poder discutir os cálculos. Procedimento este que poderia trazer grandes injustiças.

Importante destacar, também, que o prazo será comum, e não mais sucessivo como a antiga redação do § 2º.

Já a inclusão do § 7º, conforme estudado no art. 634, houve recente discussão quanto ao índice de correção monetária aplicado na Justiça do Trabalho.

---

(19) Súmula n. 386 do TST: DESCONTOS PREVIDENCIÁRIOS. IMPOSTO DE RENDA. COMPETÊNCIA. RESPONSABILIDADE PELO RECOLHIMENTO. FORMA DE CÁLCULO. FATO GERADOR (aglutinada a parte final da Orientação Jurisprudencial n. 363 da SBDI-I à redação do item II e incluídos os itens IV, V e VI em sessão do Tribunal Pleno realizada em 26.6.2017) — Res. n. 219/2017, republicada em razão de erro material — DEJT divulgado em 12, 13 e 14.7.2017.
I — A Justiça do Trabalho é competente para determinar o recolhimento das contribuições fiscais. A competência da Justiça do Trabalho, quanto à execução das contribuições previdenciárias, limita-se às sentenças condenatórias em pecúnia que proferir e aos valores, objeto de acordo homologado, que integrem o salário de contribuição. (ex-OJ n. 141 da SBDI-1 — inserida em 27.11.1998).
(20) Súmula Vinculante n. 53 — A competência da Justiça do Trabalho prevista no art. 114, VIII, da Constituição Federal alcança a execução de ofício das contribuições previdenciárias relativas ao objeto da condenação constante das sentenças que proferir e acordos por ela homologados.

O TRT da 2ª Região, por exemplo, editou Tese Jurídica Prevalecente definindo a TR como índice de atualização dos débitos trabalhistas.[21]

Entretanto, não são raras as decisões que fixam o IPCA como índice de atualização nos processos. Inclusive o TST, em recente decisão fixou o IPCA como índice de atualização.

Esta decisão foi levada ao STF, que, por meio de uma liminar na Reclamação n. 22.012 apresentada pela FENABAN, suspendeu os efeitos da decisão do TST, mantendo-se, portanto, a TR como índice de atualização trabalhista.

Entretanto, no início de dezembro de 2017 o STF seguiu o entendimento do TST, decidindo pela possibilidade de aplicação do IPCA nos processos trabalhistas.

Quando da decisão da Augusta Corte, a reforma trabalhista já estava em vigor, sendo que esta trouxe de forma expressa a utilização da TR como índice de correção monetária da Justiça do Trabalho, seguindo a decisão liminar do próprio STF. Como até a presente data não houve a publicação do acordão da decisão, é de se esperar que o Relator faça uma ressalva quanto à aplicação temporal do IPCA, ou seja, nos processos anteriores à reforma. Caso contrário, poderá haver entendimentos de que a decisão do STF declara a inconstitucionalidade desses dispositivos.

O art. 882 incluiu a possibilidade de apresentação de seguro garantia judicial como forma de garantir a execução. A possibilidade de utilização destas formas de garantias já era aceita nos processos trabalhistas, inclusive o TST editou a OJ n. 59 da SDI-II[22] que tratava do assunto. Porém o legislador deixou expresso este entendimento por meio da nova redação deste artigo.

Após 45 (quarenta e cinco) dias da citação para pagamento, e quedando-se inerte, o executado poderá sofrer protesto ou ser inscrito nos órgãos de proteção ao crédito ou no Banco Nacional de Devedores Trabalhistas (BNDT).

---

(21)   23 — Índice de atualização monetária -—Aplicação da TR. (Res. TP n. 7/2016 — DO-Eletrônico 19.12.2016) A TR continua sendo o índice aplicável para a atualização monetária dos débitos trabalhistas.
(22)   59. MANDADO DE SEGURANÇA. PENHORA. CARTA DE FIANÇA BANCÁRIA. SEGURO GARANTIA JUDICIAL (nova redação em decorrência do CPC de 2015) — Res. n. 209/2016, DEJT divulgado em 1º, 2 e 3.6.2016
A carta de fiança bancária e o seguro garantia judicial, desde que em valor não inferior ao do débito em execução, acrescido de trinta por cento, equivalem a dinheiro para efeito da gradação dos bens penhoráveis, estabelecida no art. 835 do CPC de 2015 (art. 655 do CPC de 1973).

Essa coação ao pagamento já era utilizada no processo do trabalho, na forma prevista no art. 517 do CPC. Com a reforma trabalhista, o protesto ou inscrição em órgãos de proteção ao crédito passou a ter previsão autônoma na legislação celetista.

Quanto ao prazo de 45 dias para inscrição, entendemos ser justo, uma vez que o executado poderá neste ínterim buscar meios de cumprir a obrigação. Já que eventual protesto ou inscrição em órgãos de proteção ao crédito poderá inviabilizar qualquer empréstimo bancário ou mesmo outras formas de negociação que o executado poderá realizar a fim de promover meios de quitar o seu débito.

Além disso, importante esclarecer que o executado poderá ser o próprio empregado, que teve o processo julgado improcedente sem a concessão dos benefícios da justiça gratuita. Por isso é justificável o longo prazo concedido pelo legislador.

As entidades filantrópicas, entendidas como aquelas com finalidade social e sem obtenção de lucro estão isentas de garantir o juízo. Uma vez que essas entidades possuem evidente interesse público de cunho assistencial, e qualquer garantia ou penhora para discutir valores fará com que recursos destinados ao coletivo sejam aplicados a fim de atender requisitos do particular. O que não condiz com os princípios do Estado.

Ademais, entendemos não haver qualquer prejuízo ao empregado, uma vez que não há qualquer desoneração do pagamento para a entidade executada, mas tão somente um retardamento a fim de atender a finalidade social desta.

Esse benefício se estende à diretoria destas entidades, uma vez que os diretores não partilham o lucro, por serem entidades sem fins lucrativos, e em regra, a execução não deve correr contra qualquer membro da diretoria, pois estes novamente estão atendendo o interesse do Estado.

◈ ◈ ◈

ARTS. 896 E 896-A
RECURSO DE REVISTA

O Recurso de Revista já possui diversas limitações impostas pela lei. Tornando-se um recurso que limita os casos que serão analisados pelo Tribunal Superior do Trabalho, após decisão dos Tribunais Regionais.

As modificações foram as seguintes:

"Art. 896. [...]

[...]

§ 1º-A. [...]

[...]

IV — transcrever na peça recursal, no caso de suscitar preliminar de nulidade de julgado por negativa de prestação jurisdicional, o trecho dos embargos declaratórios em que foi pedido o pronunciamento do tribunal sobre questão veiculada no recurso ordinário e o trecho da decisão regional que rejeitou os embargos quanto ao pedido, para cotejo e verificação, de plano, da ocorrência da omissão.

[...]

§ 3º (Revogado).

§ 4º (Revogado).

§ 5º (Revogado).

§ 6º (Revogado).

[...]

§ 14. O relator do recurso de revista poderá denegar-lhe seguimento, em decisão monocrática, nas hipóteses de intempestividade, deserção, irregularidade de representação ou de ausência de qualquer outro pressuposto extrínseco ou intrínseco de admissibilidade." (NR)

"Art. 896-A. [...]

§ 1º São indicadores de transcendência, entre outros:

I — econômica, o elevado valor da causa;

II — política, o desrespeito da instância recorrida à jurisprudência sumulada do Tribunal Superior do Trabalho ou do Supremo Tribunal Federal;

III — social, a postulação, por reclamante-recorrente, de direito social constitucionalmente assegurado;

IV — jurídica, a existência de questão nova em torno da interpretação da legislação trabalhista.

§ 2º Poderá o relator, monocraticamente, denegar seguimento ao recurso de revista que não demonstrar transcendência, cabendo agravo desta decisão para o colegiado.

§ 3º Em relação ao recurso que o relator considerou não ter transcendência, o recorrente poderá realizar sustentação oral sobre a questão da transcendência, durante cinco minutos em sessão.

§ 4º Mantido o voto do relator quanto à não transcendência do recurso, será lavrado acórdão com fundamentação sucinta, que constituirá decisão irrecorrível no âmbito do tribunal.

§ 5º É irrecorrível a decisão monocrática do relator que, em agravo de instrumento em recurso de revista, considerar ausente a transcendência da matéria.

§ 6º O juízo de admissibilidade do recurso de revista exercido pela Presidência dos Tribunais Regionais do Trabalho limita-se à análise dos pressupostos intrínsecos e extrínsecos do apelo, não abrangendo o critério da transcendência das questões nele veiculadas." (NR)

Com relação ao art. 896, a inclusão do inciso IV, coloca mais um requisito na hipótese de alegação de nulidade do julgado por falta de prestação jurisdicional. Neste caso, a parte deverá indicar de forma expressa em seu Recurso de Revista: a) o trecho dos Embargos Declaratórios onde requereu o pronunciamento do Tribunal sobre a matéria; b) o trecho da decisão e fundamentação que rejeitou os embargos nesse particular. Além disso, entendemos ser recomendável a indicação do trecho do recurso ordinário onde fora suscitada a matéria.

Importante estudar neste ponto a revogação dos §§ 3º à 6º do art. 896, assim dispostos:

§ 3º Os Tribunais Regionais do Trabalho procederão, obrigatoriamente, à uniformização de sua jurisprudência e aplicarão, nas causas da competência da Justiça do Trabalho, no que couber, o incidente de uniformização de jurisprudência previsto nos termos do Capítulo I do Título IX do Livro I da Lei n. 5.869, de 11 de janeiro de 1973 (Código de Processo Civil).

§ 4º Ao constatar, de ofício ou mediante provocação de qualquer das partes ou do Ministério Público do Trabalho, a existência de decisões atuais e conflitantes no âmbito do mesmo Tribunal Regional do Trabalho sobre o tema objeto de recurso de revista, o Tribunal Superior do Trabalho determinará o retorno dos autos à Corte de origem, a fim de que proceda à uniformização da jurisprudência.

§ 5º A providência a que se refere o § 4º deverá ser determinada pelo Presidente do Tribunal Regional do Trabalho, ao emitir juízo de admissibilidade sobre o recurso de revista, ou pelo Ministro Relator, mediante decisões irrecorríveis.

§ 6º Após o julgamento do incidente a que se refere o § 3º, unicamente a súmula regional ou a tese jurídica prevalecente no Tribunal Regional do Trabalho e não conflitante com súmula ou orientação jurisprudencial do Tribunal Superior do Trabalho servirá como paradigma para viabilizar o conhecimento do recurso de revista, por divergência. (Redação dada pela Lei n. 13.015, de 2014)

Por meio da revogação desses dispositivos, os Tribunais não estão mais obrigados a passar pelo incidente de uniformização de jurisprudência. Os Tribunais Regionais poderão continuar sumulando matérias, na forma do art. 702, mas será desnecessária a remessa dos autos pelo TST ao Tribunal de origem para que realize nova manifestação sobre decisão já proferida.

O § 14 dispõe que o relator do Recurso de Revista pode negar seguimento a este caso, o recurso não preencha todos os requisitos extrínsecos e intrínsecos para seu prosseguimento. Dessa decisão caberá agravo na forma do Regimento Interno do TST.

As alterações promovidas no art. 896-A regulamentam a transcendência como requisito para interposição de Recurso de Revista.

Sobre o tema, importante destacar os ensinamentos de Carlos Henrique Bezerra Leite:

> "Certamente, o vocábulo 'transcendência', que é qualidade de transcendente, comporta multifários significados. Parece-nos que a *mens legislatoris* aponta no sentido de algo muito relevante, de extrema importância, a ponto de merecer um julgamento completo por parte do TST. De toda sorte evidencia-se a marca da subjetividade conceitual."[23]

Este pressuposto recursal nunca fora devidamente regulamentado, de forma a definir — ainda que minimamente — os seus conceitos, diminuindo a subjetividade do julgador sobre esta definição.

Assim, a reforma tratou de pontuar os indicadores de transcendência no rol taxativo previsto no § 1º.

A transcendência econômica trata da causa com elevado valor. Podemos entender também, combinada com a jurídica, por exemplo, pode ter uma relevância econômica não naquele processo, mas poderá ter seus efeitos afetando toda uma classe, causando uma alteração econômica em diversas relações empregatícias.

---

(23) LEITE, Carlos Henrique Bezerra. *Curso de direito processual do trabalho* — 14. ed. de acordo com o novo CPC — Lei n. 13.105, de 16 de março de 2015. São Paulo: Saraiva, 2016. p. 1070.

O inciso II trata da transcendência política, que é o desrespeito do Tribunal Regional à súmula do TST ou do STF. Entendemos incorreta a utilização do termo "instância recorrida", pois o recurso é interposto contra a decisão proferida, e não contra o Tribunal que desrespeitou a jurisprudência.

A transcendência social, prevista no inciso III é aquela pautada nos direitos constitucionalmente assegurados às partes. Importante aqui mencionar a utilização do termo "reclamante-recorrente", que pode gerar interpretações restringindo o direito do reclamado de interpor Recurso de Revista se tiver algum direito constitucional violado.

Por fim, a transcendência jurídica diz respeito a uma inovação na forma de interpretar dispositivos legais ou mesmo Súmulas do TST ou STF, e que sobre essa nova forma de interpretação não haja um entendimento fixado pela jurisprudência, o que poderá causar insegurança jurídica. Assim, o TST poderá fixar o entendimento e interpretação sobre determinado ponto da legislação trabalhista.

Ao receber um Recurso de Revista, o Tribunal Regional verificará os pressupostos intrínsecos e extrínsecos. Já a transcendência será analisada apenas pelo TST.

Como analisado acima, da decisão monocrática do Relator que denega seguimento do Recurso de Revista caberá agravo. Entretanto, no caso da negativa de seguimento ter se fundamentado na ausência de transcendência, é expresso na lei que caberá agravo ao colegiado.

O legislador estabeleceu nos parágrafos terceiro e quarto o procedimento para julgamento sobre a transcendência pelo colegiado. Por meio deste, possibilitou que o recorrente poderá realizar sustentação oral pelo prazo de cinco minutos em sessão de julgamento, apenas para analisar a transcendência.

Caso o colegiado acolha os argumentos expostos em contestação pelo Recorrente, o processo retornará ao Relator para que este analise o mérito da demanda. Por outro lado, caso o voto do Relator seja mantido, considerando que não existe a transcendência no recurso, será lavrado acordão irrecorrível. Importante destacar que o acórdão deverá conter fundamentação sucinta do voto.

Por sua vez, o § 5º traz uma previsão que *data venia*, não concordamos. Ao analisar os pressupostos intrínsecos e extrínsecos o Tribunal Regional pode denegar seguimento ao Recurso de Revista. Contra essa decisão caberá Agravo de Instrumento na forma do art. 897, "b", da CLT.

Ao analisar o Agravo de Instrumento e o Recurso de Revista, se o relator negar seguimento com fundamentação na transcendência, a decisão é irrecorrível. Nossa crítica se dá uma vez que o Tribunal Regional não mais pode analisar a transcendência, portanto a negativa do seguimento deve ser fundamentada em outra matéria. De outro modo, o Relator pode entender que o Recurso de Revista preenche aquele requisito fruto do agravo de instrumento, mas não o da transcendência, e neste caso a decisão não poderá ser recorrida.

Por fim, ante a ausência de previsão neste dispositivo, entendemos que é desnecessária a manifestação da parte recorrida no procedimento de verificação da transcendência.

Art. 899
Depósito Recursal

"Art. 899. [...]

[...]

§ 4º O depósito recursal será feito em conta vinculada ao juízo e corrigido com os mesmos índices da poupança.

§ 5º (Revogado).

[...]

§ 9º O valor do depósito recursal será reduzido pela metade para entidades sem fins lucrativos, empregadores domésticos, microempreendedores individuais, microempresas e empresas de pequeno porte.

§ 10. São isentos do depósito recursal os beneficiários da justiça gratuita, as entidades filantrópicas e as empresas em recuperação judicial.

§ 11. O depósito recursal poderá ser substituído por fiança bancária ou seguro garantia judicial." (NR)

A reforma trabalhista acabou com a vinculação do depósito recursal ao FGTS do trabalhador. A partir de agora este é feito diretamente em conta do juízo. Em razão desta mudança, houve também a revogação do § 5º que tratava do depósito no caso de o empregado não possuir conta do FGTS em seu nome.

Com essa mudança, o levantamento do valor do depósito recursal será feito de modo muito mais simples, com a simples expedição de alvará, ou mesmo por meio de transferência direta.

O § 9º trata das hipóteses de redução do depósito recursal pela metade. Segundo estes dispositivos as: a) entidades sem fins lucrativos; b) empregadores domésticos; c) microempreendedores individuais; d) microempresas; e e) empresas de pequeno porte.

Essa mudança foi de extrema importância, pois em muitos casos essas pessoas não gozam de renda elevada, e muitas vezes viam o seu direito ao duplo grau de jurisdição cerceado por não disporem de quantia para realizar o pagamento do depósito recursal.

Eram raríssimos os casos de concessão dos benefícios da justiça gratuita para essas pessoas, principalmente sob o fundamento de que o depósito recursal era forma de garantir a execução.

Assim, a lei veio estabelecer um meio termo, que auxilia grande parte das pessoas com pouca renda a conseguirem exercer o direito constitucional do duplo grau de jurisdição.

Já o § 10, dispõe que os beneficiários da justiça gratuita, as entidades filantrópicas e as empresas em recuperação judicial serão isentas do pagamento do depósito recursal. Além disso, continua vigendo a desnecessidade do depósito recursal no caso das pessoas jurídicas de direito público, as autarquias e fundações públicas, a massa falida e o Ministério Público do Trabalho.

Entendemos, também, que a concessão da justiça gratuita pode ser dada a qualquer pessoa, mesmo aqueles que pagariam metade do depósito recursal, na forma anteriormente estudada, caso a parte comprove que não dispõe de recursos nem para pagar metade do depósito recursal. Entendimento já exposto na análise do art. 790.

A utilização de fiança bancária e seguro garantia judicial já era aceito no processo do trabalho conforme OJ n. 59 da SBDI-II do TST [24], porém o legislador tratou de positivar a matéria para que não haja dúvida quanto a sua aplicação.

---

(24) 59. MANDADO DE SEGURANÇA. PENHORA. CARTA DE FIANÇA BANCÁRIA. SEGURO GARANTIA JUDICIAL (nova redação em decorrência do CPC de 2015) — Res. n. 209/2016, DEJT divulgado em 1º, 2 e 3.6.2016
A carta de fiança bancária e o seguro garantia judicial, desde que em valor não inferior ao do débito em execução, acrescido de trinta por cento, equivalem a dinheiro para efeito da gradação dos bens penhoráveis, estabelecida no art. 835 do CPC de 2015 (art. 655 do CPC de 1973).

Compartilhamos do entendimento majoritário de que esta não pode ter limitação temporal, por não haver previsão de término do processo, e que na hipótese de substituição do valor garantido deve ser acrescido de 30%, mantendo-se o teor da Orientação Jurisprudencial do TST citada.

◈ ◈ ◈

Art. 911-A (REVOGADO)
Contribuições Previdenciárias

"Art. 911-A. O empregador efetuará o recolhimento das contribuições previdenciárias próprias e do trabalhador e o depósito do FGTS com base nos valores pagos no período mensal e fornecerá ao empregado comprovante do cumprimento dessas obrigações.

§ 1º Os segurados enquadrados como empregados que, no somatório de remunerações auferidas de um ou mais empregadores no período de um mês, independentemente do tipo de contrato de trabalho, receberem remuneração inferior ao salário mínimo mensal, poderão recolher ao Regime Geral de Previdência Social a diferença entre a remuneração recebida e o valor do salário mínimo mensal, em que incidirá a mesma alíquota aplicada à contribuição do trabalhador retida pelo empregador.

§ 2º Na hipótese de não ser feito o recolhimento complementar previsto no § 1º, o mês em que a remuneração total recebida pelo segurado de um ou mais empregadores for menor que o salário mínimo mensal não será considerado para fins de aquisição e manutenção de qualidade de segurado do Regime Geral de Previdência Social nem para cumprimento dos períodos de carência para concessão dos benefícios previdenciários." (NR)

Não eram raros os casos em que o empregado trabalhava durante anos na empresa e apenas no momento de sua dispensa descobria que seu empregador estava inadimplente com os recolhimentos do FGTS e INSS, lhe causando diversos transtornos.

Com este dispositivo incluído pela MP n. 808/2017 e a fim de dar mais segurança ao empregado, o empregador deveria lhe entregar mensalmente o comprovante de pagamento dessas verbas. Assim, o trabalhador poderia acompanhar se os recolhimentos estariam sendo feitos de modo correto. Importante destacar que este dispositivo não mais possui validade jurídica.

As relações entre segurados e a previdência estão sofrendo grandes alterações, e de modo mais gravoso aos primeiros. São tempos de reforma da previdência social, com debates e críticas ao que se pretende alterar.

O artigo que ora se comenta é realmente preocupante, pois traz um encargo para o trabalhador que no final de um mês recebe menos que um salário mínimo (R$ 954,00, em janeiro de 2018), deverá complementar o recolhimento ao RGPS sob pena de não ter computado para fins de aquisição e manutenção de qualidade de segurado do Regime Geral de Previdência Social nem para cumprimento dos períodos de carência para concessão dos benefícios previdenciários. O empregado deveria recolher essa diferença por meio de guia DARF, sob o código 1872. Ora, o trabalhador terá de tirar de sua já pequena remuneração um valor para recolher à previdência social para não sofrer os prejuízos previstos na lei.

Essa disposição legal tem como destinatários principais os trabalhadores que celebrarem contrato de trabalho intermitente, pois este poderá receber valores inferiores ao mínimo legal em razão de um período pequeno de prestação de serviços.

◈ ◈ ◈

Art. 819 da CLT
Honorários do Tradutor/Interprete

Mesmo após a Reforma Trabalhista (Lei n. 13.467/2017), o legislador editou a Lei n. 13.660/2018 para alterar o parágrafo segundo no art. 819 da CLT:

"Art. 819. [...]

[...]

§ 2º As despesas decorrentes do disposto neste artigo correrão por conta da parte sucumbente, salvo se beneficiária de justiça gratuita." (NR)

Com essa mudança, as despesas resultantes da nomeação de intérprete ou tradutor nos casos em que se faz necessário o depoimento das partes e testemunhas que não falam o português, deverão ser suportadas pela parte sucumbente. Antes dessa alteração, a despesa corria por parte do interessado, ainda que vitorioso na demanda.

Além disso, caso a parte beneficiária da justiça gratuita seja sucumbente, os honorários deverão ser suportados pela União.

Importante destacar que a nosso ver, trata-se de sucumbência no processo, já que o depoimento pessoal pode contemplar qualquer matéria em debate.

Por fim, importante destacar a diferenciação desses honorários com aquele previsto no art. 790-B.

◈ ◈ ◈

Arts. 4º-A, 4º-C, 5º-A, 5º-C e 5º-D da Lei n. 6.019/1974
Terceirização

Recentemente a Lei n. 6.019/74 foi alterada pela Lei n. 13.429/2017, nem bem foi terminado o estudo desta mudança, e o legislador já realizou nova alteração.

Abaixo fizemos um quadro comparativo com os artigos desta lei que foram alterados pela Lei n. 13.467/2017.

Lei n. 13.429/2017	Lei n. 13.467/2017
Art. 4º-A. Empresa prestadora de serviços a terceiros é a pessoa jurídica de direito privado destinada a prestar à contratante serviços determinados e específicos.	Art. 4º-A. Considera-se prestação de serviços a terceiros a transferência feita pela contratante da execução de quaisquer de suas atividades, inclusive sua atividade principal, à pessoa jurídica de direito privado prestadora de serviços que possua capacidade econômica compatível com a sua execução.

§ 1º A empresa prestadora de serviços contrata, remunera e dirige o trabalho realizado por seus trabalhadores, ou subcontrata outras empresas para realização desses serviços.	Mantida
§ 2º Não se configura vínculo empregatício entre os trabalhadores, ou sócios das empresas prestadoras de serviços, qualquer que seja o seu ramo, e a empresa contratante.	Mantida
Art. 4º-B. São requisitos para o funcionamento da empresa de prestação de serviços a terceiros:	Mantida
I — prova de inscrição no Cadastro Nacional da Pessoa Jurídica (CNPJ);	Mantida
II — registro na Junta Comercial;	Mantida
III — capital social compatível com o número de empregados, observando-se os seguintes parâmetros:	Mantida
a) empresas com até dez empregados — capital mínimo de R$ 10.000,00 (dez mil reais);	Mantida
b) empresas com mais de dez e até vinte empregados — capital mínimo de R$ 25.000,00 (vinte e cinco mil reais);	Mantida
c) empresas com mais de vinte e até cinquenta empregados — capital mínimo de R$ 45.000,00 (quarenta e cinco mil reais);	Mantida

d) empresas com mais de cinquenta e até cem empregados — capital mínimo de R$ 100.000,00 (cem mil reais); e	Mantida
e) empresas com mais de cem empregados — capital mínimo de R$ 250.000,00 (duzentos e cinquenta mil reais).	Mantida
Inexistente	Art. 4º-C. São asseguradas aos empregados da empresa prestadora de serviços a que se refere o art. 4º-A desta Lei, quando e enquanto os serviços, que podem ser de qualquer uma das atividades da contratante, forem executados nas dependências da tomadora, as mesmas condições:
Inexistente	I — relativas a:
Inexistente	a) alimentação garantida aos empregados da contratante, quando oferecida em refeitórios;
Inexistente	b) direito de utilizar os serviços de transporte;
Inexistente	c) atendimento médico ou ambulatorial existente nas dependências da contratante ou local por ela designado;
Inexistente	d) treinamento adequado, fornecido pela contratada, quando a atividade o exigir.
Inexistente	II — sanitárias, de medidas de proteção à saúde e de segurança no trabalho e de instalações adequadas à prestação do serviço.
Inexistente	§ 1º Contratante e contratada poderão estabelecer, se assim entenderem, que os empregados da contratada farão jus a salário equivalente ao pago aos empregados da contratante, além de outros direitos não previstos neste artigo.

Inexistente	§ 2º Nos contratos que impliquem mobilização de empregados da contratada em número igual ou superior a 20% (vinte por cento) dos empregados da contratante, esta poderá disponibilizar aos empregados da contratada os serviços de alimentação e atendimento ambulatorial
Inexistente	em outros locais apropriados e com igual padrão de atendimento, com vistas a manter o pleno funcionamento dos serviços existentes.
Art. 5º-A. Contratante é a pessoa física ou jurídica que celebra contrato com empresa de prestação de serviços determinados e específicos.	Art. 5º-A. Contratante é a pessoa física ou jurídica que celebra contrato com empresa de prestação de serviços relacionados a quaisquer de suas atividades, inclusive sua atividade principal.
§ 1º É vedada à contratante a utilização dos trabalhadores em atividades distintas daquelas que foram objeto do contrato com a empresa prestadora de serviços.	Mantida
§ 2º Os serviços contratados poderão ser executados nas instalações físicas da empresa contratante ou em outro local, de comum acordo entre as partes.	Mantida
§ 3º É responsabilidade da contratante garantir as condições de segurança, higiene e salubridade dos trabalhadores, quando o trabalho for realizado em suas dependências ou local previamente convencionado em contrato.	Mantida

§ 4º A contratante poderá estender ao trabalhador da empresa de prestação de serviços o mesmo atendimento médico, ambulatorial e de refeição destinado aos seus empregados, existente nas dependências da contratante, ou local por ela designado.	Mantida
§ 5º A empresa contratante é subsidiariamente responsável pelas obrigações trabalhistas referentes ao período em que ocorrer a prestação de serviços, e o recolhimento das contribuições previdenciárias observará o disposto no art. 31 da Lei n. 8.212, de 24 de julho de 1991.	Mantida
Art. 5º-B. O contrato de prestação de serviços conterá:	Mantida
Art. 5º-C. Não pode figurar como contratada, nos termos do art. 4º-A desta Lei, a pessoa jurídica cujos titulares ou sócios tenham, nos últimos dezoito meses, prestado serviços à contratante na qualidade de empregado ou trabalhador sem vínculo empregatício, exceto se os referidos titulares ou sócios forem aposentados.	Mantida
I — qualificação das partes;	Mantida
II — especificação do serviço a ser prestado;	Mantida
III — prazo para realização do serviço, quando for o caso;	Mantida
IV — valor.	Mantida

Inexistente	Art. 5º-C. Não pode figurar como contratada, nos termos do art. 4º-A desta Lei, a pessoa jurídica cujos titulares ou sócios tenham, nos últimos dezoito meses, prestado serviços à contratante na qualidade de empregado ou trabalhador sem vínculo empregatício, exceto se os referidos titulares ou sócios forem aposentados.
Inexistente	Art. 5º-D. O empregado que for demitido não poderá prestar serviços para esta mesma empresa na qualidade de empregado de empresa prestadora de serviços antes do decurso de prazo de dezoito meses, contados a partir da demissão do empregado.

A nova redação dos arts. 4º-A e 5º-A tratam por aperfeiçoar a redação trazida pela alteração anterior. Esta não era clara ao afirmar que a terceirização poderia ser feita a qualquer atividade da empresa, inclusive a chamada "atividade-fim".

Com a reforma trabalhista e a utilização do termo "atividade principal" na parte final dos dois dispositivos citados, entendemos que não existe mais dúvidas quanto à possibilidade de terceirização da "atividade-fim".

Existem os que colocam como dúvida esta interpretação, mas a nosso ver, se uma empresa pode terceirizar qualquer atividade, inclusive a principal, não há como discutir se a terceirização é "lícita" ou "ilícita".

Além disso, o art. 4º-C trouxe garantias ao empregado terceirizado, pois este deverá ser tratado de forma equivalente ao empregado do tomador de serviços, quando prestarem serviços na mesma localidade. Assim, o empregado terceirizado terá direito a mesma alimentação, mesmo serviço de transporte, acesso ao mesmo ambulatório médico do contratante.

A empresa contratante deverá tomar todas as cautelas com relação às medidas sanitárias, de proteção à saúde e de segurança no trabalho e de instalações adequadas à prestação do serviço. Não é porque o empregado é terceirizado que a contratante não deverá lhe dar condições de trabalho.

Por sua vez, os arts. 5º-C e 5º-D tratam da impossibilidade de se contratar como prestadora de serviços empresas cujos sócios laboraram na tomadora de serviços nos últimos dezoito meses. Esta proibição é na verdade uma quarentena, a fim de impedir qualquer hipótese de pejotização (onde a empresa contrata seus empregados) na forma de pessoas jurídicas para recolher menos impostos. Esta quarentena não se aplica caso o ex-empregado já tenha se aposentado.

As demais mudanças trazidas anteriormente pela Lei n. 13.429/2017, em suma dizem respeito aos requisitos do contrato entre a tomadora e a prestadora, bem como que a tomadora de serviços responde de forma subsidiária pelas obrigações trabalhistas decorrentes da terceirização.

Art. 20 da Lei n. 8.036/1990
Movimentação do FGTS

Com a alteração da CLT para incluir a dispensa por comum acordo prevista no art. 484-A em que o empregado movimenta o FGTS, fez-se necessária uma mudança na Lei n. 8.036/1990, que trata justamente do tema:

Art. 3º O art. 20 da Lei n. 8.036, de 11 de maio de 1990, passa a vigorar acrescido do seguinte inciso I-A:

"Art. 20. [...]

I-A — extinção do contrato de trabalho prevista no art. 484-A da Consolidação das Leis do Trabalho (CLT), aprovada pelo Decreto-Lei n. 5.452, de 1º de maio de 1943;

[...]" (NR)

O art. 20 desta lei trata das hipóteses em que o empregado poderá movimentar a conta do FGTS. Assim, foi incluído no rol taxativo deste artigo, o inciso I-A para abarcar a extinção do contrato na forma trazida pelo art. 484-A da CLT adaptando à inovação trazida pelo diploma trabalhista.

Art. 28 da Lei n. 8.212/1991
Incidência ao INSS

Art. 4º O art. 28 da Lei n. 8.212, de 24 de julho de 1991, passa a vigorar com as seguintes alterações:

"Art. 28. [...]

[...]

§ 8º (Revogado).

   a) (revogada);

[...]

§ 9º [...]

[...]

   h) as diárias para viagens;

[...]

   q) o valor relativo à assistência prestada por serviço médico ou odontológico, próprio da empresa ou por ela conveniado, inclusive o reembolso de despesas com medicamentos, óculos, aparelhos ortopédicos, próteses, órteses, despesas médico-hospitalares e outras similares;

[...]

   z) os prêmios e os abonos.

[...]" (NR)

A Lei n. 8.212/91, é a norma que trata da organização da Seguridade Social, e do Plano de Custeio da mesma Seguridade Social em nosso país.

O art. 28 trata do salário de contribuição, e o § 9º (letras, *h*, *g* e *z*) exclui do salário de contribuição alguns pagamentos, e pela MP n. 808/2017 constaram dessa exclusão os benefícios supratranscritos, em razão de a lei da reforma não ter reconhecido natureza salarial àquelas verbas.

Aplicação da Reforma Trabalhista no Tempo. Art. 2º da MP n. 808/2017

Após as modificações trazidas em seu corpo, a MP n. 808/2017 estabeleceu também a aplicação da reforma trabalhista no tempo:

> Art. 2º O disposto na Lei n. 13.467, de 13 de julho de 2017, se aplica, na integralidade, aos contratos de trabalho vigentes.

O legislador pacificou, portanto, que os termos da reforma trabalhista em seu aspecto material se aplicam aos contratos de trabalho vigentes, é podendo ser alterados para melhor adaptação aos novos preceitos legais, sem que haja, inclusive nulidade quanto aos direitos adquiridos.

Quanto aos contratos extintos, inegavelmente que as normas aplicáveis serão as anteriores à reforma trabalhista. Já os contratos futuros serão regidos pela lei nova.

É fato, também, que a MP n. 808/2017 vigorou no ordenamento jurídico brasileiro por vários meses. Sendo que diversos contratos de trabalho foram celebrados ou rompidos nesse ínterim. Assim, os contratos celebrados durante o período da Medida Provisória poderão ser aditados para uma adaptação às leis vigentes, bem como os contratos que já haviam sido modificados para adequação à Medida Provisória.

Quanto aos contratos iniciados e terminados no decorrer da MP, por questão de segurança jurídica, entendemos que a análise jurídica deve ser feita com base no direito vigente a época do contrato, ou seja, aplicar-se-á os termos da Medida Provisória, mesmo que esta tenha "caducado", posteriormente.

◈ ◈ ◈

Revogações

Lei n. 13.467/2017	Dispositivo Revogado
Art. 5º Revogam-se:	

I — os seguintes dispositivos da Consolidação das Leis do Trabalho (CLT), aprovada pelo Decreto-Lei n. 5.452, de 1º de maio de 1943:	
a) § 3º do art. 58;	§ 3º Poderão ser fixados, para as microempresas e empresas de pequeno porte, por meio de acordo ou convenção coletiva, em caso de transporte fornecido pelo empregador, em local de difícil acesso ou não servido por transporte público, o tempo médio despendido pelo empregado, bem como a forma e a natureza da remuneração.
b) § 4º do art. 59;	§ 4º Os empregados sob o regime de tempo parcial não poderão prestar horas extras.
c) art. 84;	Art. 84. Para efeito da aplicação do salário mínimo, será o país dividido em 22 regiões, correspondentes aos Estados, Distrito Federal e Território do Acre. (*Vide* Decreto-Lei n. 2.351, de 1987) (Revogado pela Lei n. 13.467, de 2017) Parágrafo único. Em cada região, funcionará uma Comissão de Salário Mínimo, com sede na capital do Estado, no Distrito Federal e na sede do governo do Território do Acre.
d) art. 86;	Art. 86. Sempre que, em uma região ou zona, se verifiquem diferenças de padrão de vida, determinadas por circunstâncias econômicas de caráter urbano, suburbano, rural ou marítimo, poderá o Ministro do Trabalho, Indústria e Comércio, mediante proposta da respectiva Comissão de Salário Mínimo e ouvido o Serviço de Estatística da Previdência e Trabalho, autorizá-la a subdividir a região ou zona, de acordo com tais

d) art. 86;	circunstâncias. (*Vide* Decreto-Lei n. 2.351, de 1987) (Revogado pela Lei n. 13.467, de 2017) § 1º Deverá ser efetuado, também em sua totalidade, e no ato da entrega da declaração, o pagamento do imposto devido, quando se verificar a hipótese do art. 52. (Parágrafo único renumerado pela Lei n. 5.381, de 9.2.1968) (*Vide* Lei n. 4.589, de 11.12.1964) (Revogado pela Lei n. 13.467, de 2017) § 2º Enquanto não se verificarem as circunstâncias mencionadas neste artigo, vigorará nos municípios que se criarem o salário mínimo fixado para os municípios de que tenham sido desmembrados. (Incluído pela Lei n. 5.381, de 9.2.1968) (*Vide* Decreto-Lei n. 2.351, de 1987) (Revogado pela Lei n. 13.467, de 2017) § 3º No caso de novos municípios formados pelo desmembramento de mais de um município, vigorará neles, até que se verifiquem as referidas circunstâncias, o maior salário mínimo estabelecido para os municípios que lhes deram origem. (Incluído pela Lei n. 5.381, de 9.2.1968) (*Vide* Decreto-Lei n. 2.351, de 1987)
e) art. 130-A;	Art. 130-A. Na modalidade do regime de tempo parcial, após cada período de doze meses de vigência do contrato de trabalho, o empregado terá direito a férias, na seguinte proporção: (Incluído pela Medida Provisória n. 2.164-41, de 2001) (Revogado pela Lei n. 13.467, de 2017)

	I — dezoito dias, para a duração do trabalho semanal superior a vinte e duas horas, até vinte e cinco horas; (Incluído pela Medida Provisória n. 2.164-41, de 2001) (Revogado pela Lei n. 13.467, de 2017)
	II — dezesseis dias, para a duração do trabalho semanal superior a vinte horas, até vinte e duas horas; (Incluído pela Medida Provisória n. 2.164-41, de 2001) (Revogado pela Lei n. 13.467, de 2017)
	III — quatorze dias, para a duração do trabalho semanal superior a quinze horas, até vinte horas; (Incluído pela Medida Provisória n. 2.164-41, de 2001) (Revogado pela Lei n. 13.467, de 2017)
e) art. 130-A;	IV — doze dias, para a duração do trabalho semanal superior a dez horas, até quinze horas; (Incluído pela Medida Provisória n. 2.164-41, de 2001) (Revogado pela Lei n. 13.467, de 2017)
	V — dez dias, para a duração do trabalho semanal superior a cinco horas, até dez horas; (Incluído pela Medida Provisória n. 2.164-41, de 2001) (Revogado pela Lei n. 13.467, de 2017)
	VI — oito dias, para a duração do trabalho semanal igual ou inferior a cinco horas. (Incluído pela Medida Provisória n. 2.164-41, de 2001) (Revogado pela Lei n. 13.467, de 2017)

e) art. 130-A;	Parágrafo único. O empregado contratado sob o regime de tempo parcial que tiver mais de sete faltas injustificadas ao longo do período aquisitivo terá o seu período de férias reduzido à metade.
f) § 2º do art. 134;	§ 2º Aos menores de 18 (dezoito) anos e aos maiores de 50 (cinquenta) anos de idade, as férias serão sempre concedidas de uma só vez.
g) § 3º do art. 143;	§ 3º O disposto neste artigo não se aplica aos empregados sob o regime de tempo parcial.
h) parágrafo único do art. 372;	Parágrafo único. Não é regido pelos dispositivos a que se refere este artigo o trabalho nas oficinas em que sirvam exclusivamente pessoas da família da mulher e esteja esta sob a direção do esposo, do pai, da mãe, do tutor ou do filho.
i) art. 384;	Art. 384. Em caso de prorrogação do horário normal, será obrigatório um descanso de 15 (quinze) minutos no mínimo, antes do início do período extraordinário do trabalho.
j) §§ 1º, 3º e 7º do art. 477;	§ 1º O pedido de demissão ou recibo de quitação de rescisão, do contrato de trabalho, firmado por empregado com mais de 1 (um) ano de serviço, só será válido quando feito com a assistência do respectivo Sindicato ou perante a autoridade do Ministério do Trabalho e Previdência Social. § 3º Quando não existir na localidade nenhum dos órgãos previstos neste artigo, a assistência será prestada pelo Represente do Ministério Público ou, onde houver, pelo Defensor Público e, na falta ou impedimento deste, pelo Juiz de Paz.

j) §§ 1º, 3º e 7º do art. 477;	§ 7º O ato da assistência na rescisão contratual (§§ 1º e 2º) será sem ônus para o trabalhador e empregador.
k) art. 601;	Art. 601. No ato da admissão de qualquer empregado, dele exigirá o empregador a apresentação da prova de quitação do imposto sindical.
l) art. 604;	Art. 604. Os agentes ou trabalhadores autônomos ou profissionais liberais são obrigados a prestar aos encarregados da fiscalização os esclarecimentos que lhes forem solicitados, inclusive exibição de quitação do imposto sindical.
m) art. 792;	Art. 792. Os maiores de 18 (dezoito) e menores de 21 (vinte e um) anos e as mulheres casadas poderão pleitear perante a Justiça do Trabalho sem a assistência de seus pais, tutores ou maridos. (Revogado pela Lei n. 13.467, de 2017)
n) parágrafo único do art. 878;	Parágrafo único. Quando se tratar de decisão dos Tribunais Regionais, a execução poderá ser promovida pela Procuradoria da Justiça do Trabalho.
o) §§ 3º, 4º, 5º e 6º do art. 896;	§ 3º Os Tribunais Regionais do Trabalho procederão, obrigatoriamente, à uniformização de sua jurisprudência e aplicarão, nas causas da competência da Justiça do Trabalho, no que couber, o incidente de uniformização de jurisprudência previsto nos termos do Capítulo I do Título IX do Livro I da Lei n. 5.869, de 11 de janeiro de 1973 (Código de Processo Civil).

o) §§ 3º, 4º, 5º e 6º do art. 896;	§ 4º Ao constatar, de ofício ou mediante provocação de qualquer das partes ou do Ministério Público do Trabalho, a existência de decisões atuais e conflitantes no âmbito do mesmo Tribunal Regional do Trabalho sobre o tema objeto de recurso de revista, o Tribunal Superior do Trabalho determinará o retorno dos autos à Corte de origem, a fim de que proceda à uniformização da jurisprudência. § 5º A providência a que se refere o § 4º deverá ser determinada pelo Presidente do Tribunal Regional do Trabalho, ao emitir juízo de admissibilidade sobre o recurso de revista, ou pelo Ministro Relator, mediante decisões irrecorríveis. § 6º Após o julgamento do incidente a que se refere o § 3º, unicamente a súmula regional ou a tese jurídica prevalecente no Tribunal Regional do Trabalho e não conflitante com súmula ou orientação jurisprudencial do Tribunal Superior do Trabalho servirá como paradigma para viabilizar o conhecimento do recurso de revista, por divergência.
p) § 5º do art. 899;	§ 5º Se o empregado ainda não tiver conta vinculada aberta em seu nome, nos termos do art. 2º da Lei n. 5.107, de 13 de setembro de 1966, a empresa procederá à respectiva abertura, para efeito do disposto no § 2º.

II — a alínea *a* do § 8º do art. 28 da Lei n. 8.212, de 24 de julho de 1991;	§ 8º Integram o salário de contribuição pelo seu valor total: (Redação dada pela Lei n. 9.528, de 10.12.97) (*Vide* Lei n. 13.189, de 2015) Vigência a) o total das diárias pagas, quando excedente a cinquenta por cento da remuneração mensal; (Incluída pela Lei n. 9.528, de 10.12.97)
III — o art. 2º da Medida Provisória n. 2.226, de 4 de setembro de 2001.	Art. 2º O Tribunal Superior do Trabalho regulamentará, em seu regimento interno, o processamento da transcendência do recurso de revista, assegurada a apreciação da transcendência em sessão pública, com direito a sustentação oral e fundamentação da decisão.

As revogações aqui citadas foram feitas a fim de compatibilizar os novos dispositivos com a legislação como um todo. Muitas dessas revogações foram comentadas ao longo da presente obra.

Entretanto, a revogação do art. 384 da CLT merece um breve comentário. Por meio desse dispositivo, as mulheres que laborassem em sobrejornada deveriam ter intervalo de no mínimo 15 minutos para descanso, antes do início da jornada prorrogada.

Muito se discutiu sobre a aplicação desse dispositivo para os homens, em razão do princípio constitucional da igualdade, e muitas empresas foram condenadas ao pagamento desse intervalo, uma vez que esse artigo fora recepcionado pela Constituição.

Porém, com o ingresso efetivo da mulher no mercado de trabalho, esse intervalo passou a ser norma desnecessária e que poderia até prejudicar a contratação de mulheres na empresa, ante a obrigatoriedade desse intervalo.

ANEXO

Quadro Comparativo
Lei n. 13.467/2017 e MP n. 808/2017

Lei n. 13.467/2017	MP n. 808/2017
"Art. 2º [...]	
[...]	
§ 2º Sempre que uma ou mais empresas, tendo, embora, cada uma delas, personalidade jurídica própria, estiverem sob a direção, controle ou administração de outra, ou ainda quando, mesmo guardando cada uma sua autonomia, integrem grupo econômico, serão responsáveis solidariamente pelas obrigações decorrentes da relação de emprego.	
§ 3º Não caracteriza grupo econômico a mera identidade de sócios, sendo necessárias, para a configuração do grupo, a demonstração do interesse integrado, a efetiva comunhão de interesses e a atuação conjunta das empresas dele integrantes." (NR)	
"Art. 4º [...]	
§ 1º Computar-se-ão, na contagem de tempo de serviço, para efeito de indenização e estabilidade, os períodos em que o empregado estiver afastado do trabalho prestando serviço militar e por motivo de acidente do trabalho.	

§ 2º Por não se considerar tempo à disposição do empregador, não será computado como período extraordinário o que exceder a jornada normal, ainda que ultrapasse o limite de cinco minutos previsto no § 1º do art. 58 desta Consolidação, quando o empregado, por escolha própria, buscar proteção pessoal, em caso de insegurança nas vias públicas ou más condições climáticas, bem como adentrar ou permanecer nas dependências da empresa para exercer atividades particulares, entre outras:

I — práticas religiosas;

II — descanso;

III — lazer;

IV — estudo;

V — alimentação;

VI — atividades de relacionamento social;

VII — higiene pessoal;

VIII — troca de roupa ou uniforme, quando não houver obrigatoriedade de realizar a troca na empresa." (NR)

"Art. 8º [...]

§ 1º O direito comum será fonte subsidiária do direito do trabalho.

§ 2º Súmulas e outros enunciados de jurisprudência editados pelo Tribunal Superior do Trabalho e pelos Tribunais Regionais do Trabalho não poderão restringir direitos legalmente previstos nem criar obrigações que não estejam previstas em lei.

§ 3º No exame de convenção coletiva ou acordo coletivo de trabalho, a Justiça do Trabalho analisará

exclusivamente a conformidade dos elementos essenciais do negócio jurídico, respeitado o disposto no art. 104 da Lei n. 10.406, de 10 de janeiro de 2002 (Código Civil), e balizará sua atuação pelo princípio da intervenção mínima na autonomia da vontade coletiva." (NR)	
"Art. 10-A. O sócio retirante responde subsidiariamente pelas obrigações trabalhistas da sociedade relativas ao período em que figurou como sócio, somente em ações ajuizadas até dois anos depois de averbada a modificação do contrato, observada a seguinte ordem de preferência:	
I — a empresa devedora;	
II — os sócios atuais; e	
III — os sócios retirantes.	
Parágrafo único. O sócio retirante responderá solidariamente com os demais quando ficar comprovada fraude na alteração societária decorrente da modificação do contrato."	
"Art. 11. A pretensão quanto a créditos resultantes das relações de trabalho prescreve em cinco anos para os trabalhadores urbanos e rurais, até o limite de dois anos após a extinção do contrato de trabalho.	
I — (revogado);	
II — (revogado).	
[...]	
§ 2º Tratando-se de pretensão que envolva pedido de prestações sucessivas decorrente de alteração ou descumprimento do pactuado, a prescrição é total, exceto quando o direito à parcela esteja também assegurado por preceito de lei.	

§ 3º A interrupção da prescrição somente ocorrerá pelo ajuizamento de reclamação trabalhista, mesmo que em juízo incompetente, ainda que venha a ser extinta sem resolução do mérito, produzindo efeitos apenas em relação aos pedidos idênticos." (NR)	
"Art. 11-A. Ocorre a prescrição intercorrente no processo do trabalho no prazo de dois anos.	
§ 1º A fluência do prazo prescricional intercorrente inicia-se quando o exequente deixa de cumprir determinação judicial no curso da execução.	
§ 2º A declaração da prescrição intercorrente pode ser requerida ou declarada de ofício em qualquer grau de jurisdição."	
"Art. 47. O empregador que mantiver empregado não registrado nos termos do art. 41 desta Consolidação ficará sujeito a multa no valor de R$ 3.000,00 (três mil reais) por empregado não registrado, acrescido de igual valor em cada reincidência.	
§ 1º Especificamente quanto à infração a que se refere o *caput* deste artigo, o valor final da multa aplicada será de R$ 800,00 (oitocentos reais) por empregado não registrado, quando se tratar de microempresa ou empresa de pequeno porte.	
§ 2º A infração de que trata o *caput* deste artigo constitui exceção ao critério da dupla visita." (NR)	

"Art. 47-A. Na hipótese de não serem informados os dados a que se refere o parágrafo único do art. 41 desta Consolidação, o empregador ficará sujeito à multa de R$ 600,00 (seiscentos reais) por empregado prejudicado."	
"Art. 58. [...]	
[...]	
§ 2º O tempo despendido pelo empregado desde a sua residência até a efetiva ocupação do posto de trabalho e para o seu retorno, caminhando ou por qualquer meio de transporte, inclusive o fornecido pelo empregador, não será computado na jornada de trabalho, por não ser tempo à disposição do empregador.	
§ 3º (Revogado)." (NR)	
"Art. 58-A. Considera-se trabalho em regime de tempo parcial aquele cuja duração não exceda a trinta horas semanais, sem a possibilidade de horas suplementares semanais, ou, ainda, aquele cuja duração não exceda a vinte e seis horas semanais, com a possibilidade de acréscimo de até seis horas suplementares semanais.	
[...]	
§ 3º As horas suplementares à duração do trabalho semanal normal serão pagas com o acréscimo de 50% (cinquenta por cento) sobre o salário-hora normal.	
§ 4º Na hipótese de o contrato de trabalho em regime de tempo parcial ser estabelecido em número inferior a vinte e seis horas semanais, as horas suplementares a este quantitativo serão consideradas horas extras	

para fins do pagamento estipulado no § 3º, estando também limitadas a seis horas suplementares semanais.	
§ 5º As horas suplementares da jornada de trabalho normal poderão ser compensadas diretamente até a semana imediatamente posterior à da sua execução, devendo ser feita a sua quitação na folha de pagamento do mês subsequente, caso não sejam compensadas.	
§ 6º É facultado ao empregado contratado sob regime de tempo parcial converter um terço do período de férias a que tiver direito em abono pecuniário.	
§ 7º As férias do regime de tempo parcial são regidas pelo disposto no art. 130 desta Consolidação." (NR)	
"Art. 59. A duração diária do trabalho poderá ser acrescida de horas extras, em número não excedente de duas, por acordo individual, convenção coletiva ou acordo coletivo de trabalho.	
§ 1º A remuneração da hora extra será, pelo menos, 50% (cinquenta por cento) superior à da hora normal.	
[...]	
§ 3º Na hipótese de rescisão do contrato de trabalho sem que tenha havido a compensação integral da jornada extraordinária, na forma dos §§ 2º e 5º deste artigo, o trabalhador terá direito ao pagamento das horas extras não compensadas, calculadas sobre o valor da remuneração na data da rescisão.	
§ 4º (Revogado).	

§ 5º O banco de horas de que trata o § 2º deste artigo poderá ser pactuado por acordo individual escrito, desde que a compensação ocorra no período máximo de seis meses.	
§ 6º É lícito o regime de compensação de jornada estabelecido por acordo individual, tácito ou escrito, para a compensação no mesmo mês." (NR)	
"Art. 59-A. Em exceção ao disposto no art. 59 desta Consolidação, é facultado às partes, mediante acordo individual escrito, convenção coletiva ou acordo coletivo de trabalho, estabelecer horário de trabalho de doze horas seguidas por trinta e seis horas ininterruptas de descanso, observados ou indenizados os intervalos para repouso e alimentação.	"Art. 59-A. Em exceção ao disposto no art. 59 e em leis específicas, é facultado às partes, por meio de convenção coletiva ou acordo coletivo de trabalho, estabelecer horário de trabalho de doze horas seguidas por trinta e seis horas ininterruptas de descanso, observados ou indenizados os intervalos para repouso e alimentação.
Parágrafo único. A remuneração mensal pactuada pelo horário previsto no *caput* deste artigo abrange os pagamentos devidos pelo descanso semanal remunerado e pelo descanso em feriados, e serão considerados compensados os feriados e as prorrogações de trabalho noturno, quando houver, de que tratam o art. 70 e o § 5º do art. 73 desta Consolidação."	§ 1º A remuneração mensal pactuada pelo horário previsto no *caput* abrange os pagamentos devidos pelo descanso semanal remunerado e pelo descanso em feriados e serão considerados compensados os feriados e as prorrogações de trabalho noturno, quando houver, de que tratam o art. 70 e o § 5º do art. 73.
	§ 2º É facultado às entidades atuantes no setor de saúde estabelecer, por meio de acordo individual escrito, convenção coletiva ou acordo coletivo de trabalho, horário de trabalho de doze horas seguidas por trinta e seis horas ininterruptas de descanso, observados ou indenizados os intervalos para repouso e alimentação." (NR)

"Art. 59-B. O não atendimento das exigências legais para compensação de jornada, inclusive quando estabelecida mediante acordo tácito, não implica a repetição do pagamento das horas excedentes à jornada normal diária se não ultrapassada a duração máxima semanal, sendo devido apenas o respectivo adicional.	
Parágrafo único. A prestação de horas extras habituais não descaracteriza o acordo de compensação de jornada e o banco de horas."	
"Art. 60. [...]	
Parágrafo único. Excetuam-se da exigência de licença prévia as jornadas de doze horas de trabalho por trinta e seis horas ininterruptas de descanso." (NR)	
"Art. 61. [...]	
§ 1º O excesso, nos casos deste artigo, pode ser exigido independentemente de convenção coletiva ou acordo coletivo de trabalho.	
[...]." (NR)	
"Art. 62. [...]	
[...]	
III — os empregados em regime de teletrabalho.	
[...]." (NR)	
"Art. 71. [...]	
[...]	
§ 4º A não concessão ou a concessão parcial do intervalo intrajornada mínimo, para repouso e alimentação, a empregados urbanos e rurais, implica o pagamento, de natureza indenizatória, apenas do período suprimido, com acréscimo de 50%	

(cinquenta por cento) sobre o valor da remuneração da hora normal de trabalho.	
[...]." (NR)	
"TÍTULO II	
[...]	
CAPÍTULO II-A	
DO TELETRABALHO	
'Art. 75-A. A prestação de serviços pelo empregado em regime de teletrabalho observará o disposto neste Capítulo.'	
'Art. 75-B. Considera-se teletrabalho a prestação de serviços preponderantemente fora das dependências do empregador, com a utilização de tecnologias de informação e de comunicação que, por sua natureza, não se constituam como trabalho externo.	
Parágrafo único. O comparecimento às dependências do empregador para a realização de atividades específicas que exijam a presença do empregado no estabelecimento não descaracteriza o regime de teletrabalho.'	
'Art. 75-C. A prestação de serviços na modalidade de teletrabalho deverá constar expressamente do contrato individual de trabalho, que especificará as atividades que serão realizadas pelo empregado.	
§ 1º Poderá ser realizada a alteração entre regime presencial e de teletrabalho desde que haja mútuo acordo entre as partes, registrado em aditivo contratual.	

§ 2º Poderá ser realizada a alteração do regime de teletrabalho para o presencial por determinação do empregador, garantido prazo de transição mínimo de quinze dias, com correspondente registro em aditivo contratual.'	
'Art. 75-D. As disposições relativas à responsabilidade pela aquisição, manutenção ou fornecimento dos equipamentos tecnológicos e da infraestrutura necessária e adequada à prestação do trabalho remoto, bem como ao reembolso de despesas arcadas pelo empregado, serão previstas em contrato escrito.	
Parágrafo único. As utilidades mencionadas no *caput* deste artigo não integram a remuneração do empregado.'	
'Art. 75-E. O empregador deverá instruir os empregados, de maneira expressa e ostensiva, quanto às precauções a tomar a fim de evitar doenças e acidentes de trabalho.	
Parágrafo único. O empregado deverá assinar termo de responsabilidade comprometendo-se a seguir as instruções fornecidas pelo empregador.'"	
"Art. 134. [...]	
§ 1º Desde que haja concordância do empregado, as férias poderão ser usufruídas em até três períodos, sendo que um deles não poderá ser inferior a quatorze dias corridos e os demais não poderão ser inferiores a cinco dias corridos, cada um.	
§ 2º (Revogado).	

§ 3º É vedado o início das férias no período de dois dias que antecede feriado ou dia de repouso semanal remunerado." (NR)	
"TÍTULO II-A	
DO DANO EXTRAPATRIMONIAL	
'Art. 223-A. Aplicam-se à reparação de danos de natureza extrapatrimonial decorrentes da relação de trabalho apenas os dispositivos deste Título.'	
'Art. 223-B. Causa dano de natureza extrapatrimonial a ação ou omissão que ofenda a esfera moral ou existencial da pessoa física ou jurídica, as quais são as titulares exclusivas do direito à reparação.'	
'Art. 223-C. A honra, a imagem, a intimidade, a liberdade de ação, a autoestima, a sexualidade, a saúde, o lazer e a integridade física são os bens juridicamente tutelados inerentes à pessoa física.'	"Art. 223-C. A etnia, a idade, a nacionalidade, a honra, a imagem, a intimidade, a liberdade de ação, a autoestima, o gênero, a orientação sexual, a saúde, o lazer e a integridade física são os bens juridicamente tutelados inerentes à pessoa natural." (NR)
'Art. 223-D. A imagem, a marca, o nome, o segredo empresarial e o sigilo da correspondência são bens juridicamente tutelados inerentes à pessoa jurídica.'	
'Art. 223-E. São responsáveis pelo dano extrapatrimonial todos os que tenham colaborado para a ofensa ao bem jurídico tutelado, na proporção da ação ou da omissão.'	
'Art. 223-F. A reparação por danos extrapatrimoniais pode ser pedida cumulativamente com a indenização por danos materiais decorrentes do mesmo ato lesivo.	

§ 1º Se houver cumulação de pedidos, o juízo, ao proferir a decisão, discriminará os valores das indenizações a título de danos patrimoniais e das reparações por danos de natureza extrapatrimonial.	
§ 2º A composição das perdas e danos, assim compreendidos os lucros cessantes e os danos emergentes, não interfere na avaliação dos danos extrapatrimoniais.'	
'Art. 223-G. Ao apreciar o pedido, o juízo considerará:	Art. 223-G. [...] [...]
I — a natureza do bem jurídico tutelado;	
II — a intensidade do sofrimento ou da humilhação;	
III — a possibilidade de superação física ou psicológica;	
IV — os reflexos pessoais e sociais da ação ou da omissão;	
V — a extensão e a duração dos efeitos da ofensa;	
VI — as condições em que ocorreu a ofensa ou o prejuízo moral;	
VII — o grau de dolo ou culpa;	
VIII — a ocorrência de retratação espontânea;	
IX — o esforço efetivo para minimizar a ofensa;	
X — o perdão, tácito ou expresso;	
XI — a situação social e econômica das partes envolvidas;	
XII — o grau de publicidade da ofensa.	

§ 1º Se julgar procedente o pedido, o juízo fixará a indenização a ser paga, a cada um dos ofendidos, em um dos seguintes parâmetros, vedada a acumulação:	§ 1º Ao julgar procedente o pedido, o juízo fixará a reparação a ser paga, a cada um dos ofendidos, em um dos seguintes parâmetros, vedada a acumulação:
I — ofensa de natureza leve, até três vezes o último salário contratual do ofendido;	I — para ofensa de natureza leve — até três vezes o valor do limite máximo dos benefícios do Regime Geral de Previdência Social;
II — ofensa de natureza média, até cinco vezes o último salário contratual do ofendido;	II — para ofensa de natureza média — até cinco vezes o valor do limite máximo dos benefícios do Regime Geral de Previdência Social;
III — ofensa de natureza grave, até vinte vezes o último salário contratual do ofendido;	III — para ofensa de natureza grave — até vinte vezes o valor do limite máximo dos benefícios do Regime Geral de Previdência Social; ou
IV — ofensa de natureza gravíssima, até cinquenta vezes o último salário contratual do ofendido.	IV — para ofensa de natureza gravíssima — até cinquenta vezes o valor do limite máximo dos benefícios do Regime Geral de Previdência Social.
§ 2º Se o ofendido for pessoa jurídica, a indenização será fixada com observância dos mesmos parâmetros estabelecidos no § 1º deste artigo, mas em relação ao salário contratual do ofensor.	
§ 3º Na reincidência entre partes idênticas, o juízo poderá elevar ao dobro o valor da indenização.'"	§ 3º Na reincidência de quaisquer das partes, o juízo poderá elevar ao dobro o valor da indenização.
	§ 4º Para fins do disposto no § 3º, a reincidência ocorrerá se ofensa idêntica ocorrer no prazo de até dois anos, contado do trânsito em julgado da decisão condenatória.

	§ 5º Os parâmetros estabelecidos no § 1º não se aplicam aos danos extrapatrimoniais decorrentes de morte." (NR)
"Art. 394-A. Sem prejuízo de sua remuneração, nesta incluído o valor do adicional de insalubridade, a empregada deverá ser afastada de:	"Art. 394-A. A empregada gestante será afastada, enquanto durar a gestação, de quaisquer atividades, operações ou locais insalubres e exercerá suas atividades em local salubre, excluído, nesse caso, o pagamento de adicional de insalubridade.
I — atividades consideradas insalubres em grau máximo, enquanto durar a gestação;	REVOGADO
II — atividades consideradas insalubres em grau médio ou mínimo, quando apresentar atestado de saúde, emitido por médico de confiança da mulher, que recomende o afastamento durante a gestação;	REVOGADO
III — atividades consideradas insalubres em qualquer grau, quando apresentar atestado de saúde, emitido por médico de confiança da mulher, que recomende o afastamento durante a lactação.	REVOGADO
§ 1º [...]	
§ 2º Cabe à empresa pagar o adicional de insalubridade à gestante ou à lactante, efetivando-se a compensação, observado o disposto no art. 248 da Constituição Federal, por ocasião do recolhimento das contribuições incidentes sobre a folha de salários e demais rendimentos pagos ou creditados, a qualquer título, à pessoa física que lhe preste serviço.	§ 2º O exercício de atividades e operações insalubres em grau médio ou mínimo, pela gestante, somente será permitido quando ela, voluntariamente, apresentar atestado de saúde, emitido por médico de sua confiança, do sistema privado ou público de saúde, que autorize a sua permanência no exercício de suas atividades.

§ 3º Quando não for possível que a gestante ou a lactante afastada nos termos do *caput* deste artigo exerça suas atividades em local salubre na empresa, a hipótese será considerada como gravidez de risco e ensejará a percepção de salário-maternidade, nos termos da Lei n. 8.213, de 24 de julho de 1991, durante todo o período de afastamento." (NR)	§ 3º A empregada lactante será afastada de atividades e operações consideradas insalubres em qualquer grau quando apresentar atestado de saúde emitido por médico de sua confiança, do sistema privado ou público de saúde, que recomende o afastamento durante a lactação." (NR)
"Art. 396. [...]	
§ 1º [...]	
§ 2º Os horários dos descansos previstos no *caput* deste artigo deverão ser definidos em acordo individual entre a mulher e o empregador." (NR)	
"Art. 442-B. A contratação do autônomo, cumpridas por este todas as formalidades legais, com ou sem exclusividade, de forma contínua ou não, afasta a qualidade de empregado prevista no art. 3º desta Consolidação."	"Art. 442-B. A contratação do autônomo, cumpridas por este todas as formalidades legais, de forma contínua ou não, afasta a qualidade de empregado prevista no art. 3º desta Consolidação.
	§ 1º É vedada a celebração de cláusula de exclusividade no contrato previsto no *caput*.
	§ 2º Não caracteriza a qualidade de empregado prevista no art. 3º o fato de o autônomo prestar serviços a apenas um tomador de serviços.
	§ 3º O autônomo poderá prestar serviços de qualquer natureza a outros tomadores de serviços que exerçam ou não a mesma atividade econômica, sob qualquer modalidade de contrato de trabalho, inclusive como autônomo.

	§ 4º Fica garantida ao autônomo a possibilidade de recusa de realizar atividade demandada pelo contratante, garantida a aplicação de cláusula de penalidade prevista em contrato.
	§ 5º Motoristas, representantes comerciais, corretores de imóveis, parceiros, e trabalhadores de outras categorias profissionais reguladas por leis específicas relacionadas a atividades compatíveis com o contrato autônomo, desde que cumpridos os requisitos do *caput*, não possuirão a qualidade de empregado prevista o art. 3º.
	§ 6º Presente a subordinação jurídica, será reconhecido o vínculo empregatício.
	§ 7º O disposto no *caput* se aplica ao autônomo, ainda que exerça atividade relacionada ao negócio da empresa contratante." (NR)
"Art. 443. O contrato individual de trabalho poderá ser acordado tácita ou expressamente, verbalmente ou por escrito, por prazo determinado ou indeterminado, ou para prestação de trabalho intermitente.	
[...]	
§ 3º Considera-se como intermitente o contrato de trabalho no qual a prestação de serviços, com subordinação, não é contínua, ocorrendo com alternância de períodos de prestação de serviços e de inatividade, determinados em horas, dias ou meses, independentemente do tipo de atividade do empregado e do empregador, exceto para os aeronautas, regidos por legislação própria." (NR)	

"Art. 444. [...]	
Parágrafo único. A livre estipulação a que se refere o *caput* deste artigo aplica-se às hipóteses previstas no art. 611-A desta Consolidação, com a mesma eficácia legal e preponderância sobre os instrumentos coletivos, no caso de empregado portador de diploma de nível superior e que perceba salário mensal igual ou superior a duas vezes o limite máximo dos benefícios do Regime Geral de Previdência Social." (NR)	
"Art. 448-A. Caracterizada a sucessão empresarial ou de empregadores prevista nos arts. 10 e 448 desta Consolidação, as obrigações trabalhistas, inclusive as contraídas à época em que os empregados trabalhavam para a empresa sucedida, são de responsabilidade do sucessor.	
Parágrafo único. A empresa sucedida responderá solidariamente com a sucessora quando ficar comprovada fraude na transferência."	
"Art. 452-A. O contrato de trabalho intermitente deve ser celebrado por escrito e deve conter especificamente o valor da hora de trabalho, que não pode ser inferior ao valor horário do salário mínimo ou àquele devido aos demais empregados do estabelecimento que exerçam a mesma função em contrato intermitente ou não.	"Art. 452-A. O contrato de trabalho intermitente será celebrado por escrito e registrado na CTPS, ainda que previsto acordo coletivo de trabalho ou convenção coletiva, e conterá:
	I — identificação, assinatura e domicílio ou sede das partes;

	II — valor da hora ou do dia de trabalho, que não poderá ser inferior ao valor horário ou diário do salário mínimo, assegurada a remuneração do trabalho noturno superior à do diurno e observado o disposto no § 12; e
	III — o local e o prazo para o pagamento da remuneração.
§ 1º O empregador convocará, por qualquer meio de comunicação eficaz, para a prestação de serviços, informando qual será a jornada, com, pelo menos, três dias corridos de antecedência.	
§ 2º Recebida a convocação, o empregado terá o prazo de um dia útil para responder ao chamado, presumindo-se, no silêncio, a recusa.	§ 2º Recebida a convocação, o empregado terá o prazo de vinte e quatro horas para responder ao chamado, presumida, no silêncio, a recusa.
§ 3º A recusa da oferta não descaracteriza a subordinação para fins do contrato de trabalho intermitente.	
§ 4º Aceita a oferta para o comparecimento ao trabalho, a parte que descumprir, sem justo motivo, pagará à outra parte, no prazo de trinta dias, multa de 50% (cinquenta por cento) da remuneração que seria devida, permitida a compensação em igual prazo.	REVOGADO
§ 5º O período de inatividade não será considerado tempo à disposição do empregador, podendo o trabalhador prestar serviços a outros contratantes.	REVOGADO
§ 6º Ao final de cada período de prestação de serviço, o empregado receberá o pagamento imediato das seguintes parcelas:	§ 6º Na data acordada para o pagamento, observado o disposto no § 11, o empregado receberá, de imediato, as seguintes parcelas:
I — remuneração;	

II — férias proporcionais com acréscimo de um terço;	
III — décimo terceiro salário proporcional;	
IV — repouso semanal remunerado; e	
V — adicionais legais.	
§ 7º O recibo de pagamento deverá conter a discriminação dos valores pagos relativos a cada uma das parcelas referidas no § 6º deste artigo.	
§ 8º O empregador efetuará o recolhimento da contribuição previdenciária e o depósito do Fundo de Garantia do Tempo de Serviço, na forma da lei, com base nos valores pagos no período mensal e fornecerá ao empregado comprovante do cumprimento dessas obrigações.	REVOGADO
§ 9º A cada doze meses, o empregado adquire direito a usufruir, nos doze meses subsequentes, um mês de férias, período no qual não poderá ser convocado para prestar serviços pelo mesmo empregador."	
	§ 10. O empregado, mediante prévio acordo com o empregador, poderá usufruir suas férias em até três períodos, nos termos dos §§ 1º e 2º do art. 134.
	§ 11. Na hipótese de o período de convocação exceder um mês, o pagamento das parcelas a que se referem o § 6º não poderá ser estipulado por período superior a um mês, contado a partir do primeiro dia do período de prestação de serviço.

	§ 12. O valor previsto no inciso II do *caput* não será inferior àquele devido aos demais empregados do estabelecimento que exerçam a mesma função.
	§ 13. Para os fins do disposto neste artigo, o auxílio-doença será devido ao segurado da Previdência Social a partir da data do início da incapacidade, vedada a aplicação do disposto § 3º do art. 60 da Lei n. 8.213, de 1991.
	§ 14. O salário maternidade será pago diretamente pela Previdência Social, nos termos do disposto no § 3º do art. 72 da Lei n. 8.213, de 1991.
	§ 15. Constatada a prestação dos serviços pelo empregado, estarão satisfeitos os prazos previstos nos §§ 1º e 2º." (NR)
	"Art. 452-B. É facultado às partes convencionar por meio do contrato de trabalho intermitente:
	I — locais de prestação de serviços;
	II — turnos para os quais o empregado será convocado para prestar serviços;
	III — formas e instrumentos de convocação e de resposta para a prestação de serviços;
	IV — formato de reparação recíproca na hipótese de cancelamento de serviços previamente agendados nos termos dos §§ 1º e 2º do art. 452-A." (NR)
	"Art. 452-C. Para fins do disposto no § 3º do art. 443, considera-se período de inatividade o intervalo temporal distinto daquele para o qual o

	empregado intermitente haja sido convocado e tenha prestado serviços nos termos do § 1º do art. 452-A.
	§ 1º Durante o período de inatividade, o empregado poderá prestar serviços de qualquer natureza a outros tomadores de serviço, que exerçam ou não a mesma atividade econômica, utilizando contrato de trabalho intermitente ou outra modalidade de contrato de trabalho.
	§ 2º No contrato de trabalho intermitente, o período de inatividade não será considerado tempo à disposição do empregador e não será remunerado, hipótese em que restará descaracterizado o contrato de trabalho intermitente caso haja remuneração por tempo à disposição no período de inatividade." (NR)
	"Art. 452-D. Decorrido o prazo de um ano sem qualquer convocação do empregado pelo empregador, contado a partir da data da celebração do contrato, da última convocação ou do último dia de prestação de serviços, o que for mais recente, será considerado rescindido de pleno direito o contrato de trabalho intermitente." (NR)
	"Art. 452-E. Ressalvadas as hipóteses a que se referem os arts. 482 e 483, na hipótese de extinção do contrato de trabalho intermitente serão devidas as seguintes verbas rescisórias:
	I — pela metade:
	a) o aviso-prévio indenizado, calculado conforme o art. 452-F; e

	b) a indenização sobre o saldo do Fundo de Garantia do Tempo de Serviço — FGTS, prevista no § 1º do art. 18 da Lei n. 8.036, de 11 de maio de 1990; e
	II — na integralidade, as demais verbas trabalhistas.
	§ 1º A extinção de contrato de trabalho intermitente permite a movimentação da conta vinculada do trabalhador no FGTS na forma do inciso I-A do art. 20 da Lei n. 8.036, de 1990, limitada a até oitenta por cento do valor dos depósitos.
	§ 2º A extinção do contrato de trabalho intermitente a que se refere este artigo não autoriza o ingresso no Programa de Seguro-Desemprego." (NR)
	"Art. 452-F. As verbas rescisórias e o aviso-prévio serão calculados com base na média dos valores recebidos pelo empregado no curso do contrato de trabalho intermitente.
	§ 1º No cálculo da média a que se refere o *caput*, serão considerados apenas os meses durante os quais o empregado tenha recebido parcelas remuneratórias no intervalo dos últimos doze meses ou o período de vigência do contrato de trabalho intermitente, se este for inferior.
	§ 2º O aviso-prévio será necessariamente indenizado, nos termos dos §§ 1º e 2º do art. 487." (NR)
	"Art. 452-G. Até 31 de dezembro de 2020, o empregado registrado por meio de contrato de trabalho

	por prazo indeterminado demitido não poderá prestar serviços para o mesmo empregador por meio de contrato de trabalho intermitente pelo prazo de dezoito meses, contado da data da demissão do empregado." (NR)
	"Art. 452-H. No contrato de trabalho intermitente, o empregador efetuará o recolhimento das contribuições previdenciárias próprias e do empregado e o depósito do FGTS com base nos valores pagos no período mensal e fornecerá ao empregado comprovante do cumprimento dessas obrigações, observado o disposto no art. 911-A." (NR)
"Art. 456-A. Cabe ao empregador definir o padrão de vestimenta no meio ambiente laboral, sendo lícita a inclusão no uniforme de logomarcas da própria empresa ou de empresas parceiras e de outros itens de identificação relacionados à atividade desempenhada.	
Parágrafo único. A higienização do uniforme é de responsabilidade do trabalhador, salvo nas hipóteses em que forem necessários procedimentos ou produtos diferentes dos utilizados para a higienização das vestimentas de uso comum."	
"Art. 457. [...]	"Art. 457. [...]
§ 1º Integram o salário a importância fixa estipulada, as gratificações legais e as comissões pagas pelo empregador.	§ 1º Integram o salário a importância fixa estipulada, as gratificações legais e de função e as comissões pagas pelo empregador.

§ 2º As importâncias, ainda que habituais, pagas a título de ajuda de custo, auxílio-alimentação, vedado seu pagamento em dinheiro, diárias para viagem, prêmios e abonos não integram a remuneração do empregado, não se incorporam ao contrato de trabalho e não constituem base de incidência de qualquer encargo trabalhista e previdenciário.	§ 2º As importâncias, ainda que habituais, pagas a título de ajuda de custo, limitadas a cinquenta por cento da remuneração mensal, o auxílio-alimentação, vedado o seu pagamento em dinheiro, as diárias para viagem e os prêmios não integram a remuneração do empregado, não se incorporam ao contrato de trabalho e não constituem base de incidência de encargo trabalhista e previdenciário.
[...]	
§ 4º Consideram-se prêmios as liberalidades concedidas pelo empregador em forma de bens, serviços ou valor em dinheiro a empregado ou a grupo de empregados, em razão de desempenho superior ao ordinariamente esperado no exercício de suas atividades." (NR)	
	§ 12. A gorjeta a que se refere o § 3º não constitui receita própria dos empregadores, destina-se aos trabalhadores e será distribuída segundo os critérios de custeio e de rateio definidos em convenção coletiva ou acordo coletivo de trabalho.
	§ 13. Se inexistir previsão em convenção coletiva ou acordo coletivo de trabalho, os critérios de rateio e distribuição da gorjeta e os percentuais de retenção previstos nos §§ 14 e 15 serão definidos em assembleia geral dos trabalhadores, na forma estabelecida no art. 612.
	§ 14. As empresas que cobrarem a gorjeta de que trata o § 3º deverão:

	I — quando inscritas em regime de tributação federal diferenciado, lançá-la na respectiva nota de consumo, facultada a retenção de até vinte por cento da arrecadação correspondente, mediante previsão em convenção coletiva ou acordo coletivo de trabalho, para custear os encargos sociais, previdenciários e trabalhistas derivados da sua integração à remuneração dos empregados, hipótese em que o valor remanescente deverá ser revertido integralmente em favor do trabalhador;
	II — quando não inscritas em regime de tributação federal diferenciado, lançá-la na respectiva nota de consumo, facultada a retenção de até trinta e três por cento da arrecadação correspondente, mediante previsão em convenção coletiva ou acordo coletivo de trabalho, para custear os encargos sociais, previdenciários e trabalhistas derivados da sua integração à remuneração dos empregados, hipótese em que o valor remanescente deverá ser revertido integralmente em favor do trabalhador; e
	III — anotar na CTPS e no contracheque de seus empregados o salário contratual fixo e o percentual percebido a título de gorjeta.
	§ 15. A gorjeta, quando entregue pelo consumidor diretamente ao empregado, terá seus critérios definidos em convenção coletiva ou

	acordo coletivo de trabalho, facultada a retenção nos parâmetros estabelecidos no § 14.
	§ 16. As empresas anotarão na CTPS de seus empregados o salário fixo e a média dos valores das gorjetas referente aos últimos doze meses.
	§ 17. Cessada pela empresa a cobrança da gorjeta de que trata o § 3º, desde que cobrada por mais de doze meses, essa se incorporará ao salário do empregado, a qual terá como base a média dos últimos doze meses, sem prejuízo do estabelecido em convenção coletiva ou acordo coletivo de trabalho.
	§ 18. Para empresas com mais de sessenta empregados, será constituída comissão de empregados, mediante previsão em convenção coletiva ou acordo coletivo de trabalho, para acompanhamento e fiscalização da regularidade da cobrança e distribuição da gorjeta de que trata o § 3º, cujos representantes serão eleitos em assembleia geral convocada para esse fim pelo sindicato laboral e gozarão de garantia de emprego vinculada ao desempenho das funções para que foram eleitos, e, para as demais empresas, será constituída comissão intersindical para o referido fim.
	§ 19. Comprovado o descumprimento ao disposto nos §§ 12, 14, 15 e 17, o empregador pagará ao trabalhador prejudicado, a título de multa, o valor correspondente a um trinta avos da média da gorjeta por dia de

	atraso, limitada ao piso da categoria, assegurados, em qualquer hipótese, o princípio do contraditório e da ampla defesa.
	§ 20. A limitação prevista no § 19 será triplicada na hipótese de reincidência do empregador.
	§ 21. Considera-se reincidente o empregador que, durante o período de doze meses, descumprir o disposto nos §§ 12, 14, 15 e 17 por período superior a sessenta dias.
	§ 22. Consideram-se prêmios as liberalidades concedidas pelo empregador, até duas vezes ao ano, em forma de bens, serviços ou valor em dinheiro, a empregado, grupo de empregados ou terceiros vinculados à sua atividade econômica em razão de desempenho superior ao ordinariamente esperado no exercício de suas atividades.
	§ 23. Incidem o imposto sobre a renda e quaisquer outros encargos tributários sobre as parcelas referidas neste artigo, exceto aquelas expressamente isentas em lei específica." (NR)
"Art. 458. [...]	
[...]	
§ 5º O valor relativo à assistência prestada por serviço médico ou odontológico, próprio ou não, inclusive o reembolso de despesas com medicamentos, óculos, aparelhos ortopédicos, próteses, órteses, despesas médico-hospitalares e outras similares, mesmo quando concedido em diferentes modalidades de planos e coberturas, não integram o	

salário do empregado para qualquer efeito nem o salário de contribuição, para efeitos do previsto na alínea *q* do § 9º do art. 28 da Lei n. 8.212, de 24 de julho de 1991."(NR)	
"Art. 461. Sendo idêntica a função, a todo trabalho de igual valor, prestado ao mesmo empregador, no mesmo estabelecimento empresarial, corresponderá igual salário, sem distinção de sexo, etnia, nacionalidade ou idade.	
§ 1º Trabalho de igual valor, para os fins deste Capítulo, será o que for feito com igual produtividade e com a mesma perfeição técnica, entre pessoas cuja diferença de tempo de serviço para o mesmo empregador não seja superior a quatro anos e a diferença de tempo na função não seja superior a dois anos.	
§ 2º Os dispositivos deste artigo não prevalecerão quando o empregador tiver pessoal organizado em quadro de carreira ou adotar, por meio de norma interna da empresa ou de negociação coletiva, plano de cargos e salários, dispensada qualquer forma de homologação ou registro em órgão público.	
§ 3º No caso do § 2º deste artigo, as promoções poderão ser feitas por merecimento e por antiguidade, ou por apenas um destes critérios, dentro de cada categoria profissional.	
[...]	
§ 5º A equiparação salarial só será possível entre empregados contemporâneos no cargo ou na função, ficando vedada a indicação de paradigmas remotos, ainda que o	

paradigma contemporâneo tenha obtido a vantagem em ação judicial própria.	
§ 6º No caso de comprovada discriminação por motivo de sexo ou etnia, o juízo determinará, além do pagamento das diferenças salariais devidas, multa, em favor do empregado discriminado, no valor de 50% (cinquenta por cento) do limite máximo dos benefícios do Regime Geral de Previdência Social." (NR)	
"Art. 468. [...]	
§ 1º [...]	
§ 2º A alteração de que trata o § 1º deste artigo, com ou sem justo motivo, não assegura ao empregado o direito à manutenção do pagamento da gratificação correspondente, que não será incorporada, independentemente do tempo de exercício da respectiva função." (NR)	
"Art. 477. Na extinção do contrato de trabalho, o empregador deverá proceder à anotação na Carteira de Trabalho e Previdência Social, comunicar a dispensa aos órgãos competentes e realizar o pagamento das verbas rescisórias no prazo e na forma estabelecidos neste artigo.	
§ 1º (Revogado).	
[...]	
§ 3º (Revogado).	
§ 4º O pagamento a que fizer jus o empregado será efetuado:	
I — em dinheiro, depósito bancário ou cheque visado, conforme acordem as partes; ou	

II — em dinheiro ou depósito bancário quando o empregado for analfabeto.	
[...]	
§ 6º A entrega ao empregado de documentos que comprovem a comunicação da extinção contratual aos órgãos competentes bem como o pagamento dos valores constantes do instrumento de rescisão ou recibo de quitação deverão ser efetuados até dez dias contados a partir do término do contrato.	
a) (revogada);	
b) (revogada).	
§ 7º (Revogado).	
[...]	
§ 10. A anotação da extinção do contrato na Carteira de Trabalho e Previdência Social é documento hábil para requerer o benefício do seguro-desemprego e a movimentação da conta vinculada no Fundo de Garantia do Tempo de Serviço, nas hipóteses legais, desde que a comunicação prevista no *caput* deste artigo tenha sido realizada." (NR)	
"Art. 477-A. As dispensas imotivadas individuais, plúrimas ou coletivas equiparam-se para todos os fins, não havendo necessidade de autorização prévia de entidade sindical ou de celebração de convenção coletiva ou acordo coletivo de trabalho para sua efetivação."	

"Art. 477-B. Plano de Demissão Voluntária ou Incentivada, para dispensa individual, plúrima ou coletiva, previsto em convenção coletiva ou acordo coletivo de trabalho, enseja quitação plena e irrevogável dos direitos decorrentes da relação empregatícia, salvo disposição em contrário estipulada entre as partes."	
"Art. 482. [...]	
[...]	
m) perda da habilitação ou dos requisitos estabelecidos em lei para o exercício da profissão, em decorrência de conduta dolosa do empregado.	
[...]." (NR)	
"Art. 484-A. O contrato de trabalho poderá ser extinto por acordo entre empregado e empregador, caso em que serão devidas as seguintes verbas trabalhistas:	
I — por metade:	
a) o aviso-prévio, se indenizado; e	
b) a indenização sobre o saldo do Fundo de Garantia do Tempo de Serviço, prevista no § 1º do art. 18 da Lei n. 8.036, de 11 de maio de 1990;	
II — na integralidade, as demais verbas trabalhistas.	
§ 1º A extinção do contrato prevista no *caput* deste artigo permite a movimentação da conta vinculada do trabalhador no Fundo de Garantia do Tempo de Serviço na forma do inciso I-A do art. 20 da Lei n. 8.036, de 11 de maio de 1990, limitada até	

80% (oitenta por cento) do valor dos depósitos.	
§ 2º A extinção do contrato por acordo prevista no *caput* deste artigo não autoriza o ingresso no Programa de Seguro-Desemprego."	
"Art. 507-A. Nos contratos individuais de trabalho cuja remuneração seja superior a duas vezes o limite máximo estabelecido para os benefícios do Regime Geral de Previdência Social, poderá ser pactuada cláusula compromissória de arbitragem, desde que por iniciativa do empregado ou mediante a sua concordância expressa, nos termos previstos na Lei n. 9.307, de 23 de setembro de 1996."	
"Art. 507-B. É facultado a empregados e empregadores, na vigência ou não do contrato de emprego, firmar o termo de quitação anual de obrigações trabalhistas, perante o sindicato dos empregados da categoria.	
Parágrafo único. O termo discriminará as obrigações de dar e fazer cumpridas mensalmente e dele constará a quitação anual dada pelo empregado, com eficácia liberatória das parcelas nele especificadas."	
"TÍTULO IV-A	
DA REPRESENTAÇÃO DOS EMPREGADOS	
'Art. 510-A. Nas empresas com mais de duzentos empregados, é assegurada a eleição de uma comissão para representá-los, com a finalidade de promover-lhes o entendimento direto com os empregadores.	

§ 1º A comissão será composta:

I — nas empresas com mais de duzentos e até três mil empregados, por três membros;

II — nas empresas com mais de três mil e até cinco mil empregados, por cinco membros;

III — nas empresas com mais de cinco mil empregados, por sete membros.

§ 2º No caso de a empresa possuir empregados em vários Estados da Federação e no Distrito Federal, será assegurada a eleição de uma comissão de representantes dos empregados por Estado ou no Distrito Federal, na mesma forma estabelecida no § 1º deste artigo.'

'Art. 510-B. A comissão de representantes dos empregados terá as seguintes atribuições:

I — representar os empregados perante a administração da empresa;

II — aprimorar o relacionamento entre a empresa e seus empregados com base nos princípios da boa-fé e do respeito mútuo;

III — promover o diálogo e o entendimento no ambiente de trabalho com o fim de prevenir conflitos;

IV — buscar soluções para os conflitos decorrentes da relação de trabalho, de forma rápida e eficaz, visando à efetiva aplicação das normas legais e contratuais;

V — assegurar tratamento justo e imparcial aos empregados, impedindo qualquer forma de discriminação por motivo de sexo, idade, religião, opinião política ou atuação sindical;

VI — encaminhar reivindicações específicas dos empregados de seu âmbito de representação;

VII — acompanhar o cumprimento das leis trabalhistas, previdenciárias e das convenções coletivas e acordos coletivos de trabalho.

§ 1º As decisões da comissão de representantes dos empregados serão sempre colegiadas, observada a maioria simples.

§ 2º A comissão organizará sua atuação de forma independente.'

'Art. 510-C. A eleição será convocada, com antecedência mínima de trinta dias, contados do término do mandato anterior, por meio de edital que deverá ser fixado na empresa, com ampla publicidade, para inscrição de candidatura.

§ 1º Será formada comissão eleitoral, integrada por cinco empregados, não candidatos, para a organização e o acompanhamento do processo eleitoral, vedada a interferência da empresa e do sindicato da categoria.

§ 2º Os empregados da empresa poderão candidatar-se, exceto aqueles com contrato de trabalho por prazo determinado, com contrato suspenso ou que estejam em período de aviso-prévio, ainda que indenizado.

§ 3º Serão eleitos membros da comissão de representantes dos empregados os candidatos mais votados, em votação secreta, vedado o voto por representação.	
§ 4º A comissão tomará posse no primeiro dia útil seguinte à eleição ou ao término do mandato anterior.	
§ 5º Se não houver candidatos suficientes, a comissão de representantes dos empregados poderá ser formada com número de membros inferior ao previsto no art. 510-A desta Consolidação.	
§ 6º Se não houver registro de candidatura, será lavrada ata e convocada nova eleição no prazo de um ano.'	
'Art. 510-D. O mandato dos membros da comissão de representantes dos empregados será de um ano.	
§ 1º O membro que houver exercido a função de representante dos empregados na comissão não poderá ser candidato nos dois períodos subsequentes.	
§ 2º O mandato de membro de comissão de representantes dos empregados não implica suspensão ou interrupção do contrato de trabalho, devendo o empregado permanecer no exercício de suas funções.	
§ 3º Desde o registro da candidatura até um ano após o fim do mandato, o membro da comissão de representantes dos empregados não poderá sofrer despedida arbitrária, entendendo-se como tal a que não se fundar em motivo disciplinar, técnico, econômico ou financeiro.	

§ 4º Os documentos referentes ao processo eleitoral devem ser emitidos em duas vias, as quais permanecerão sob a guarda dos empregados e da empresa pelo prazo de cinco anos, à disposição para consulta de qualquer trabalhador interessado, do Ministério Público do Trabalho e do Ministério do Trabalho.'"	
	"Art. 510-E. A comissão de representantes dos empregados não substituirá a função do sindicato de defender os direitos e os interesses coletivos ou individuais da categoria, inclusive em questões judiciais ou administrativas, hipótese em que será obrigatória a participação dos sindicatos em negociações coletivas de trabalho, nos termos do incisos III e VI do *caput* do art. 8º da Constituição." (NR)
"Art. 545. Os empregadores ficam obrigados a descontar da folha de pagamento dos seus empregados, desde que por eles devidamente autorizados, as contribuições devidas ao sindicato, quando por este notificados.	
[...]." (NR)	
"Art. 578. As contribuições devidas aos sindicatos pelos participantes das categorias econômicas ou profissionais ou das profissões liberais representadas pelas referidas entidades serão, sob a denominação de contribuição sindical, pagas, recolhidas e aplicadas na forma estabelecida neste Capítulo, desde que prévia e expressamente autorizadas." (NR)	

"Art. 579. O desconto da contribuição sindical está condicionado à autorização prévia e expressa dos que participarem de uma determinada categoria econômica ou profissional, ou de uma profissão liberal, em favor do sindicato representativo da mesma categoria ou profissão ou, inexistindo este, na conformidade do disposto no art. 591 desta Consolidação." (NR)	
"Art. 582. Os empregadores são obrigados a descontar da folha de pagamento de seus empregados relativa ao mês de março de cada ano a contribuição sindical dos empregados que autorizaram prévia e expressamente o seu recolhimento aos respectivos sindicatos.	
[...]." (NR)	
"Art. 583. O recolhimento da contribuição sindical referente aos empregados e trabalhadores avulsos será efetuado no mês de abril de cada ano, e o relativo aos agentes ou trabalhadores autônomos e profissionais liberais realizar-se-á no mês de fevereiro, observada a exigência de autorização prévia e expressa prevista no art. 579 desta Consolidação.	
[...]." (NR)	
"Art. 587. Os empregadores que optarem pelo recolhimento da contribuição sindical deverão fazê-lo no mês de janeiro de cada ano, ou, para os que venham a se estabelecer após o referido mês, na ocasião em que requererem às repartições o registro ou a licença para o exercício da respectiva atividade." (NR)	

"Art. 602. Os empregados que não estiverem trabalhando no mês destinado ao desconto da contribuição sindical e que venham a autorizar prévia e expressamente o recolhimento serão descontados no primeiro mês subsequente ao do reinício do trabalho.	
[...]." (NR)	
"Art. 611-A. A convenção coletiva e o acordo coletivo de trabalho têm prevalência sobre a lei quando, entre outros, dispuserem sobre:	"Art. 611-A. A convenção coletiva e o acordo coletivo de trabalho, observados os incisos III e VI do *caput* do art. 8º da Constituição, têm prevalência sobre a lei quando, entre outros, dispuserem sobre:
I — pacto quanto à jornada de trabalho, observados os limites constitucionais;	
II — banco de horas anual;	
III — intervalo intrajornada, respeitado o limite mínimo de trinta minutos para jornadas superiores a seis horas;	
IV — adesão ao Programa Seguro-Emprego (PSE), de que trata a Lei n. 13.189, de 19 de novembro de 2015;	
V — plano de cargos, salários e funções compatíveis com a condição pessoal do empregado, bem como identificação dos cargos que se enquadram como funções de confiança;	
VI — regulamento empresarial;	
VII — representante dos trabalhadores no local de trabalho;	
VIII — teletrabalho, regime de sobreaviso, e trabalho intermitente;	

IX — remuneração por produtividade, incluídas as gorjetas percebidas pelo empregado, e remuneração por desempenho individual;	
X — modalidade de registro de jornada de trabalho;	
XI — troca do dia de feriado;	
XII — enquadramento do grau de insalubridade;	XII — enquadramento do grau de insalubridade e prorrogação de jornada em locais insalubres, incluída a possibilidade de contratação de perícia, afastada a licença prévia das autoridades competentes do Ministério do Trabalho, desde que respeitadas, na integralidade, as normas de saúde, higiene e segurança do trabalho previstas em lei ou em normas regulamentadoras do Ministério do Trabalho;
XIII — prorrogação de jornada em ambientes insalubres, sem licença prévia das autoridades competentes do Ministério do Trabalho;	REVOGADO
XIV — prêmios de incentivo em bens ou serviços, eventualmente concedidos em programas de incentivo;	
XV — participação nos lucros ou resultados da empresa.	
§ 1º No exame da convenção coletiva ou do acordo coletivo de trabalho, a Justiça do Trabalho observará o disposto no § 3º do art. 8º desta Consolidação.	

§ 2º A inexistência de expressa indicação de contrapartidas recíprocas em convenção coletiva ou acordo coletivo de trabalho não ensejará sua nulidade por não caracterizar um vício do negócio jurídico.	
§ 3º Se for pactuada cláusula que reduza o salário ou a jornada, a convenção coletiva ou o acordo coletivo de trabalho deverão prever a proteção dos empregados contra dispensa imotivada durante o prazo de vigência do instrumento coletivo.	
§ 4º Na hipótese de procedência de ação anulatória de cláusula de convenção coletiva ou de acordo coletivo de trabalho, quando houver a cláusula compensatória, esta deverá ser igualmente anulada, sem repetição do indébito.	
§ 5º Os sindicatos subscritores de convenção coletiva ou de acordo coletivo de trabalho deverão participar, como litisconsortes necessários, em ação individual ou coletiva, que tenha como objeto a anulação de cláusulas desses instrumentos."	§ 5º Os sindicatos subscritores de convenção coletiva ou de acordo coletivo de trabalho participarão, como litisconsortes necessários, em ação coletiva que tenha como objeto a anulação de cláusulas desses instrumentos, vedada a apreciação por ação individual." (NR)
"Art. 611-B. Constituem objeto ilícito de convenção coletiva ou de acordo coletivo de trabalho, exclusivamente, a supressão ou a redução dos seguintes direitos:	
I — normas de identificação profissional, inclusive as anotações na Carteira de Trabalho e Previdência Social;	
II — seguro-desemprego, em caso de desemprego involuntário;	

III — valor dos depósitos mensais e da indenização rescisória do Fundo de Garantia do Tempo de Serviço (FGTS);	
IV — salário mínimo;	
V — valor nominal do décimo terceiro salário;	
VI — remuneração do trabalho noturno superior à do diurno;	
VII — proteção do salário na forma da lei, constituindo crime sua retenção dolosa;	
VIII — salário-família;	
IX — repouso semanal remunerado;	
X — remuneração do serviço extraordinário superior, no mínimo, em 50% (cinquenta por cento) à do normal;	
XI — número de dias de férias devidas ao empregado;	
XII — gozo de férias anuais remuneradas com, pelo menos, um terço a mais do que o salário normal;	
XIII — licença-maternidade com a duração mínima de cento e vinte dias;	
XIV — licença-paternidade nos termos fixados em lei;	
XV — proteção do mercado de trabalho da mulher, mediante incentivos específicos, nos termos da lei;	
XVI — aviso-prévio proporcional ao tempo de serviço, sendo no mínimo de trinta dias, nos termos da lei;	

XVII — normas de saúde, higiene e segurança do trabalho previstas em lei ou em normas regulamentadoras do Ministério do Trabalho;

XVIII — adicional de remuneração para as atividades penosas, insalubres ou perigosas;

XIX — aposentadoria;

XX — seguro contra acidentes de trabalho, a cargo do empregador;

XXI — ação, quanto aos créditos resultantes das relações de trabalho, com prazo prescricional de cinco anos para os trabalhadores urbanos e rurais, até o limite de dois anos após a extinção do contrato de trabalho;

XXII — proibição de qualquer discriminação no tocante a salário e critérios de admissão do trabalhador com deficiência;

XXIII — proibição de trabalho noturno, perigoso ou insalubre a menores de dezoito anos e de qualquer trabalho a menores de dezesseis anos, salvo na condição de aprendiz, a partir de quatorze anos;

XXIV — medidas de proteção legal de crianças e adolescentes;

XXV — igualdade de direitos entre o trabalhador com vínculo empregatício permanente e o trabalhador avulso;

XXVI — liberdade de associação profissional ou sindical do trabalhador, inclusive o direito de não sofrer, sem sua expressa e prévia anuência, qualquer cobrança ou desconto salarial estabelecidos em convenção coletiva ou acordo coletivo de trabalho;

XXVII — direito de greve, competindo aos trabalhadores decidir sobre a oportunidade de exercê-lo e sobre os interesses que devam por meio dele defender;	
XXVIII — definição legal sobre os serviços ou atividades essenciais e disposições legais sobre o atendimento das necessidades inadiáveis da comunidade em caso de greve;	
XXIX — tributos e outros créditos de terceiros;	
XXX — as disposições previstas nos arts. 373-A, 390, 392, 392-A, 394, 394-A, 395, 396 e 400 desta Consolidação.	
Parágrafo único. Regras sobre duração do trabalho e intervalos não são consideradas como normas de saúde, higiene e segurança do trabalho para os fins do disposto neste artigo."	
"Art. 614. [...]	
[...]	
§ 3º Não será permitido estipular duração de convenção coletiva ou acordo coletivo de trabalho superior a dois anos, sendo vedada a ultratividade." (NR)	
"Art. 620. As condições estabelecidas em acordo coletivo de trabalho sempre prevalecerão sobre as estipuladas em convenção coletiva de trabalho." (NR)	
"Art. 634. [...]	
§ 1º [...]	

§ 2º Os valores das multas administrativas expressos em moeda corrente serão reajustados anualmente pela Taxa Referencial (TR), divulgada pelo Banco Central do Brasil, ou pelo índice que vier a substituí-lo." (NR)	
"Art. 652. Compete às Varas do Trabalho:	
[...]	
f) decidir quanto à homologação de acordo extrajudicial em matéria de competência da Justiça do Trabalho.	
[...]." (NR)	
"Art. 702. [...]	
I — [...]	
[...]	
f) estabelecer ou alterar súmulas e outros enunciados de jurisprudência uniforme, pelo voto de pelo menos dois terços de seus membros, caso a mesma matéria já tenha sido decidida de forma idêntica por unanimidade em, no mínimo, dois terços das turmas em pelo menos dez sessões diferentes em cada uma delas, podendo, ainda, por maioria de dois terços de seus membros, restringir os efeitos daquela declaração ou decidir que ela só tenha eficácia a partir de sua publicação no Diário Oficial;	
[...]	
§ 3º As sessões de julgamento sobre estabelecimento ou alteração de súmulas e outros enunciados de	

jurisprudência deverão ser públicas, divulgadas com, no mínimo, trinta dias de antecedência, e deverão possibilitar a sustentação oral pelo Procurador-Geral do Trabalho, pelo Conselho Federal da Ordem dos Advogados do Brasil, pelo Advogado-Geral da União e por confederações sindicais ou entidades de classe de âmbito nacional.

§ 4º O estabelecimento ou a alteração de súmulas e outros enunciados de jurisprudência pelos Tribunais Regionais do Trabalho deverão observar o disposto na alínea *f* do inciso I e no § 3º deste artigo, com rol equivalente de legitimados para sustentação oral, observada a abrangência de sua circunscrição judiciária." (NR)

"Art. 775. Os prazos estabelecidos neste Título serão contados em dias úteis, com exclusão do dia do começo e inclusão do dia do vencimento.

§ 1º Os prazos podem ser prorrogados, pelo tempo estritamente necessário, nas seguintes hipóteses:

I — quando o juízo entender necessário;

II — em virtude de força maior, devidamente comprovada.

§ 2º Ao juízo incumbe dilatar os prazos processuais e alterar a ordem de produção dos meios de prova, adequando-os às necessidades do conflito de modo a conferir maior efetividade à tutela do direito." (NR)

"Art. 789. Nos dissídios individuais e nos dissídios coletivos do trabalho, nas ações e procedimentos de competência da Justiça do Trabalho, bem como nas demandas propostas perante a Justiça Estadual, no exercício da jurisdição trabalhista, as custas relativas ao processo de conhecimento incidirão à base de 2% (dois por cento), observado o mínimo de R$ 10,64 (dez reais e sessenta e quatro centavos) e o máximo de quatro vezes o limite máximo dos benefícios do Regime Geral de Previdência Social, e serão calculadas:	
[...]." (NR)	
"Art. 790. [...]	
[...]	
§ 3º É facultado aos juízes, órgãos julgadores e presidentes dos tribunais do trabalho de qualquer instância conceder, a requerimento ou de ofício, o benefício da justiça gratuita, inclusive quanto a traslados e instrumentos, àqueles que perceberem salário igual ou inferior a 40% (quarenta por cento) do limite máximo dos benefícios do Regime Geral de Previdência Social.	
§ 4º O benefício da justiça gratuita será concedido à parte que comprovar insuficiência de recursos para o pagamento das custas do processo." (NR)	
"Art. 790-B. A responsabilidade pelo pagamento dos honorários periciais	

é da parte sucumbente na pretensão objeto da perícia, ainda que beneficiária da justiça gratuita.	
§ 1º Ao fixar o valor dos honorários periciais, o juízo deverá respeitar o limite máximo estabelecido pelo Conselho Superior da Justiça do Trabalho.	
§ 2º O juízo poderá deferir parcelamento dos honorários periciais.	
§ 3º O juízo não poderá exigir adiantamento de valores para realização de perícias.	
§ 4º Somente no caso em que o beneficiário da justiça gratuita não tenha obtido em juízo créditos capazes de suportar a despesa referida no *caput*, ainda que em outro processo, a União responderá pelo encargo." (NR)	
"Art. 791-A. Ao advogado, ainda que atue em causa própria, serão devidos honorários de sucumbência, fixados entre o mínimo de 5% (cinco por cento) e o máximo de 15% (quinze por cento) sobre o valor que resultar da liquidação da sentença, do proveito econômico obtido ou, não sendo possível mensurá-lo, sobre o valor atualizado da causa.	
§ 1º Os honorários são devidos também nas ações contra a Fazenda Pública e nas ações em que a parte estiver assistida ou substituída pelo sindicato de sua categoria.	
§ 2º Ao fixar os honorários, o juízo observará:	

I — o grau de zelo do profissional;	
II — o lugar de prestação do serviço;	
III — a natureza e a importância da causa;	
IV — o trabalho realizado pelo advogado e o tempo exigido para o seu serviço.	
§ 3º Na hipótese de procedência parcial, o juízo arbitrará honorários de sucumbência recíproca, vedada a compensação entre os honorários.	
§ 4º Vencido o beneficiário da justiça gratuita, desde que não tenha obtido em juízo, ainda que em outro processo, créditos capazes de suportar a despesa, as obrigações decorrentes de sua sucumbência ficarão sob condição suspensiva de exigibilidade e somente poderão ser executadas se, nos dois anos subsequentes ao trânsito em julgado da decisão que as certificou, o credor demonstrar que deixou de existir a situação de insuficiência de recursos que justificou a concessão de gratuidade, extinguindo-se, passado esse prazo, tais obrigações do beneficiário.	
§ 5º São devidos honorários de sucumbência na reconvenção."	
"TÍTULO X	
[...]	
CAPÍTULO II	
[...]	

Seção IV-A	
Da Responsabilidade por Dano Processual	
'Art. 793-A. Responde por perdas e danos aquele que litigar de má-fé como reclamante, reclamado ou interveniente.'	
'Art. 793-B. Considera-se litigante de má-fé aquele que:	
I — deduzir pretensão ou defesa contra texto expresso de lei ou fato incontroverso;	
II — alterar a verdade dos fatos;	
III — usar do processo para conseguir objetivo ilegal;	
IV — opuser resistência injustificada ao andamento do processo;	
V — proceder de modo temerário em qualquer incidente ou ato do processo;	
VI — provocar incidente manifestamente infundado;	
VII — interpuser recurso com intuito manifestamente protelatório.'	
'Art. 793-C. De ofício ou a requerimento, o juízo condenará o litigante de má-fé a pagar multa, que deverá ser superior a 1% (um por cento) e inferior a 10% (dez por cento) do valor corrigido da causa, a indenizar a parte contrária pelos prejuízos que esta sofreu e a arcar com os honorários advocatícios e com todas as despesas que efetuou.	

§ 1º Quando forem dois ou mais os litigantes de má-fé, o juízo condenará cada um na proporção de seu respectivo interesse na causa ou solidariamente aqueles que se coligaram para lesar a parte contrária.	
§ 2º Quando o valor da causa for irrisório ou inestimável, a multa poderá ser fixada em até duas vezes o limite máximo dos benefícios do Regime Geral de Previdência Social.	
§ 3º O valor da indenização será fixado pelo juízo ou, caso não seja possível mensurá-lo, liquidado por arbitramento ou pelo procedimento comum, nos próprios autos.'	
'Art. 793-D. Aplica-se a multa prevista no art. 793-C desta Consolidação à testemunha que intencionalmente alterar a verdade dos fatos ou omitir fatos essenciais ao julgamento da causa.	
Parágrafo único. A execução da multa prevista neste artigo dar-se-á nos mesmos autos.'"	
"Art. 800. Apresentada exceção de incompetência territorial no prazo de cinco dias a contar da notificação, antes da audiência e em peça que sinalize a existência desta exceção, seguir-se-á o procedimento estabelecido neste artigo.	
§ 1º Protocolada a petição, será suspenso o processo e não se realizará a audiência a que se refere o art. 843 desta Consolidação até que se decida a exceção.	
§ 2º Os autos serão imediatamente conclusos ao juiz, que intimará o	

reclamante e, se existentes, os litisconsortes, para manifestação no prazo comum de cinco dias.	
§ 3º Se entender necessária a produção de prova oral, o juízo designará audiência, garantindo o direito de o excipiente e de suas testemunhas serem ouvidos, por carta precatória, no juízo que este houver indicado como competente.	
§ 4º Decidida a exceção de incompetência territorial, o processo retomará seu curso, com a designação de audiência, a apresentação de defesa e a instrução processual perante o juízo competente." (NR)	
"Art. 818. O ônus da prova incumbe:	
I — ao reclamante, quanto ao fato constitutivo de seu direito;	
II — ao reclamado, quanto à existência de fato impeditivo, modificativo ou extintivo do direito do reclamante.	
§ 1º Nos casos previstos em lei ou diante de peculiaridades da causa relacionadas à impossibilidade ou à excessiva dificuldade de cumprir o encargo nos termos deste artigo ou à maior facilidade de obtenção da prova do fato contrário, poderá o juízo atribuir o ônus da prova de modo diverso, desde que o faça por decisão fundamentada, caso em que deverá dar à parte a oportunidade de se desincumbir do ônus que lhe foi atribuído.	

§ 2º A decisão referida no § 1º deste artigo deverá ser proferida antes da abertura da instrução e, a requerimento da parte, implicará o adiamento da audiência e possibilitará provar os fatos por qualquer meio em direito admitido.	
§ 3º A decisão referida no § 1º deste artigo não pode gerar situação em que a desincumbência do encargo pela parte seja impossível ou excessivamente difícil." (NR)	
"Art. 840. [...]	
§ 1º Sendo escrita, a reclamação deverá conter a designação do juízo, a qualificação das partes, a breve exposição dos fatos de que resulte o dissídio, o pedido, que deverá ser certo, determinado e com indicação de seu valor, a data e a assinatura do reclamante ou de seu representante.	
§ 2º Se verbal, a reclamação será reduzida a termo, em duas vias datadas e assinadas pelo escrivão ou secretário, observado, no que couber, o disposto no § 1º deste artigo.	
§ 3º Os pedidos que não atendam ao disposto no § 1º deste artigo serão julgados extintos sem resolução do mérito." (NR)	
"Art. 841. [...]	
[...]	
§ 3º Oferecida a contestação, ainda que eletronicamente, o reclamante não poderá, sem o consentimento do reclamado, desistir da ação." (NR)	
"Art. 843. [...]	
[...]	

§ 3º O preposto a que se refere o § 1º deste artigo não precisa ser empregado da parte reclamada." (NR)	
"Art. 844. [...]	
§ 1º Ocorrendo motivo relevante, poderá o juiz suspender o julgamento, designando nova audiência.	
§ 2º Na hipótese de ausência do reclamante, este será condenado ao pagamento das custas calculadas na forma do art. 789 desta Consolidação, ainda que beneficiário da justiça gratuita, salvo se comprovar, no prazo de quinze dias, que a ausência ocorreu por motivo legalmente justificável.	
§ 3º O pagamento das custas a que se refere o § 2º é condição para a propositura de nova demanda.	
§ 4º A revelia não produz o efeito mencionado no *caput* deste artigo se:	
I — havendo pluralidade de reclamados, algum deles contestar a ação;	
II — o litígio versar sobre direitos indisponíveis;	
III — a petição inicial não estiver acompanhada de instrumento que a lei considere indispensável à prova do ato;	
IV — as alegações de fato formuladas pelo reclamante forem inverossímeis ou estiverem em contradição com prova constante dos autos.	

§ 5º Ainda que ausente o reclamado, presente o advogado na audiência, serão aceitos a contestação e os documentos eventualmente apresentados." (NR)	
"Art. 847. [...]	
Parágrafo único. A parte poderá apresentar defesa escrita pelo sistema de processo judicial eletrônico até a audiência." (NR)	
"TÍTULO X	
[...]	
CAPÍTULO III	
[...]	
Seção IV	
Do Incidente de Desconsideração da Personalidade Jurídica	
'Art. 855-A. Aplica-se ao processo do trabalho o incidente de desconsideração da personalidade jurídica previsto nos arts. 133 a 137 da Lei n. 13.105, de 16 de março de 2015 — Código de Processo Civil.	
§ 1º Da decisão interlocutória que acolher ou rejeitar o incidente:	
I — na fase de cognição, não cabe recurso de imediato, na forma do § 1º do art. 893 desta Consolidação;	
II — na fase de execução, cabe agravo de petição, independentemente de garantia do juízo;	
III — cabe agravo interno se proferida pelo relator em incidente instaurado originariamente no tribunal.	

§ 2º A instauração do incidente suspenderá o processo, sem prejuízo de concessão da tutela de urgência de natureza cautelar de que trata o art. 301 da Lei n. 13.105, de 16 de março de 2015 (Código de Processo Civil).'	
CAPÍTULO III-A	
DO PROCESSO DE JURISDIÇÃO VOLUNTÁRIA PARA HOMOLOGAÇÃO DE ACORDO EXTRAJUDICIAL	
'Art. 855-B. O processo de homologação de acordo extrajudicial terá início por petição conjunta, sendo obrigatória a representação das partes por advogado.	
§ 1º As partes não poderão ser representadas por advogado comum.	
§ 2º Faculta-se ao trabalhador ser assistido pelo advogado do sindicato de sua categoria.'	
'Art. 855-C. O disposto neste Capítulo não prejudica o prazo estabelecido no § 6º do art. 477 desta Consolidação e não afasta a aplicação da multa prevista no § 8º art. 477 desta Consolidação.'	
'Art. 855-D. No prazo de quinze dias a contar da distribuição da petição, o juiz analisará o acordo, designará audiência se entender necessário e proferirá sentença.'	
'Art. 855-E. A petição de homologação de acordo extrajudicial suspende o prazo prescricional da ação quanto aos direitos nela especificados.	

Parágrafo único. O prazo prescricional voltará a fluir no dia útil seguinte ao do trânsito em julgado da decisão que negar a homologação do acordo.'"	
"Art. 876. [...]	
Parágrafo único. A Justiça do Trabalho executará, de ofício, as contribuições sociais previstas na alínea *a* do inciso I e no inciso II do *caput* do art. 195 da Constituição Federal, e seus acréscimos legais, relativas ao objeto da condenação constante das sentenças que proferir e dos acordos que homologar." (NR)	
"Art. 878. A execução será promovida pelas partes, permitida a execução de ofício pelo juiz ou pelo Presidente do Tribunal apenas nos casos em que as partes não estiverem representadas por advogado.	
Parágrafo único. (Revogado)." (NR)	
"Art. 879. [...]	
[...]	
§ 2º Elaborada a conta e tornada líquida, o juízo deverá abrir às partes prazo comum de oito dias para impugnação fundamentada com a indicação dos itens e valores objeto da discordância, sob pena de preclusão.	
[...]	
§ 7º A atualização dos créditos decorrentes de condenação judicial será feita pela Taxa Referencial (TR), divulgada pelo Banco Central do Brasil, conforme a Lei n. 8.177, de 1º de março de 1991." (NR)	

"Art. 882. O executado que não pagar a importância reclamada poderá garantir a execução mediante depósito da quantia correspondente, atualizada e acrescida das despesas processuais, apresentação de seguro-garantia judicial ou nomeação de bens à penhora, observada a ordem preferencial estabelecida no art. 835 da Lei n. 13.105, de 16 de março de 2015 — Código de Processo Civil." (NR)	
"Art. 883-A. A decisão judicial transitada em julgado somente poderá ser levada a protesto, gerar inscrição do nome do executado em órgãos de proteção ao crédito ou no Banco Nacional de Devedores Trabalhistas (BNDT), nos termos da lei, depois de transcorrido o prazo de quarenta e cinco dias a contar da citação do executado, se não houver garantia do juízo."	
"Art. 884. [...]	
[...]	
§ 6º A exigência da garantia ou penhora não se aplica às entidades filantrópicas e/ou àqueles que compõem ou compuseram a diretoria dessas instituições." (NR)	
"Art. 896. [...]	
[...]	
§ 1º-A. [...]	
[...]	

IV — transcrever na peça recursal, no caso de suscitar preliminar de nulidade de julgado por negativa de prestação jurisdicional, o trecho dos embargos declaratórios em que foi pedido o pronunciamento do tribunal sobre questão veiculada no recurso ordinário e o trecho da decisão regional que rejeitou os embargos quanto ao pedido, para cotejo e verificação, de plano, da ocorrência da omissão.	
[...]	
§ 3º (Revogado).	
§ 4º (Revogado).	
§ 5º (Revogado).	
§ 6º (Revogado).	
[...]	
§ 14. O relator do recurso de revista poderá denegar-lhe seguimento, em decisão monocrática, nas hipóteses de intempestividade, deserção, irregularidade de representação ou de ausência de qualquer outro pressuposto extrínseco ou intrínseco de admissibilidade." (NR)	
"Art. 896-A. [...]	
§ 1º São indicadores de transcendência, entre outros:	
I — econômica, o elevado valor da causa;	
II — política, o desrespeito da instância recorrida à jurisprudência sumulada do Tribunal Superior do Trabalho ou do Supremo Tribunal Federal;	

III — social, a postulação, por reclamante-recorrente, de direito social constitucionalmente assegurado;	
IV — jurídica, a existência de questão nova em torno da interpretação da legislação trabalhista.	
§ 2º Poderá o relator, monocraticamente, denegar seguimento ao recurso de revista que não demonstrar transcendência, cabendo agravo desta decisão para o colegiado.	
§ 3º Em relação ao recurso que o relator considerou não ter transcendência, o recorrente poderá realizar sustentação oral sobre a questão da transcendência, durante cinco minutos em sessão.	
§ 4º Mantido o voto do relator quanto à não transcendência do recurso, será lavrado acórdão com fundamentação sucinta, que constituirá decisão irrecorrível no âmbito do tribunal.	
§ 5º É irrecorrível a decisão monocrática do relator que, em agravo de instrumento em recurso de revista, considerar ausente a transcendência da matéria.	
§ 6º O juízo de admissibilidade do recurso de revista exercido pela Presidência dos Tribunais Regionais do Trabalho limita-se à análise dos pressupostos intrínsecos e extrínsecos do apelo, não abrangendo o critério da transcendência das questões nele veiculadas." (NR)	
"Art. 899. [...]	
[...]	
§ 4º O depósito recursal será feito em conta vinculada ao juízo e corrigido com os mesmos índices da poupança.	

§ 5º (Revogado).	
[...]	
§ 9º O valor do depósito recursal será reduzido pela metade para entidades sem fins lucrativos, empregadores domésticos, microempreendedores individuais, microempresas e empresas de pequeno porte.	
§ 10. São isentos do depósito recursal os beneficiários da justiça gratuita, as entidades filantrópicas e as empresas em recuperação judicial.	
§ 11. O depósito recursal poderá ser substituído por fiança bancária ou seguro garantia judicial." (NR)	
	"Art. 911-A. O empregador efetuará o recolhimento das contribuições previdenciárias próprias e do trabalhador e o depósito do FGTS com base nos valores pagos no período mensal e fornecerá ao empregado comprovante do cumprimento dessas obrigações.
	§ 1º Os segurados enquadrados como empregados que, no somatório de remunerações auferidas de um ou mais empregadores no período de um mês, independentemente do tipo de contrato de trabalho, receberem remuneração inferior ao salário mínimo mensal, poderão recolher ao Regime Geral de Previdência Social a diferença entre a remuneração recebida e o valor do salário mínimo mensal, em que incidirá a mesma alíquota aplicada à contribuição do trabalhador retida pelo empregador.

	§ 2º Na hipótese de não ser feito o recolhimento complementar previsto no § 1º, o mês em que a remuneração total recebida pelo segurado de um ou mais empregadores for menor que o salário mínimo mensal não será considerado para fins de aquisição e manutenção de qualidade de segurado do Regime Geral de Previdência Social nem para cumprimento dos períodos de carência para concessão dos benefícios previdenciários." (NR)
	Art. 2º O disposto na Lei n. 13.467, de 13 de julho de 2017, se aplica, na integralidade, aos contratos de trabalho vigentes.
Art. 2º A Lei n. 6.019, de 3 de janeiro de 1974, passa a vigorar com as seguintes alterações:	
"Art. 4º-A. Considera-se prestação de serviços a terceiros a transferência feita pela contratante da execução de quaisquer de suas atividades, inclusive sua atividade principal, à pessoa jurídica de direito privado prestadora de serviços que possua capacidade econômica compatível com a sua execução.	
[...]." (NR)	
"Art. 4º-C. São asseguradas aos empregados da empresa prestadora de serviços a que se refere o art. 4º-A desta Lei, quando e enquanto os serviços, que podem ser de qualquer uma das atividades da contratante, forem executados nas dependências da tomadora, as mesmas condições:	
I — relativas a:	
a) alimentação garantida aos empregados da contratante, quando oferecida em refeitórios;	

b) direito de utilizar os serviços de transporte;	
c) atendimento médico ou ambulatorial existente nas dependências da contratante ou local por ela designado;	
d) treinamento adequado, fornecido pela contratada, quando a atividade o exigir.	
II — sanitárias, de medidas de proteção à saúde e de segurança no trabalho e de instalações adequadas à prestação do serviço.	
§ 1º Contratante e contratada poderão estabelecer, se assim entenderem, que os empregados da contratada farão jus a salário equivalente ao pago aos empregados da contratante, além de outros direitos não previstos neste artigo.	
§ 2º Nos contratos que impliquem mobilização de empregados da contratada em número igual ou superior a 20% (vinte por cento) dos empregados da contratante, esta poderá disponibilizar aos empregados da contratada os serviços de alimentação e atendimento ambulatorial em outros locais apropriados e com igual padrão de atendimento, com vistas a manter o pleno funcionamento dos serviços existentes."	
"Art. 5º-A. Contratante é a pessoa física ou jurídica que celebra contrato com empresa de prestação de serviços relacionados a quaisquer de suas atividades, inclusive sua atividade principal.	
[...]." (NR)	

"Art. 5º-C. Não pode figurar como contratada, nos termos do art. 4º-A desta Lei, a pessoa jurídica cujos titulares ou sócios tenham, nos últimos dezoito meses, prestado serviços à contratante na qualidade de empregado ou trabalhador sem vínculo	
empregatício, exceto se os referidos titulares ou sócios forem aposentados.	
"Art. 5º-D. O empregado que for demitido não poderá prestar serviços para esta mesma empresa na qualidade de empregado de empresa prestadora de serviços antes do decurso de prazo de dezoito meses, contados a partir da demissão do empregado."	
Art. 3º O art. 20 da Lei n. 8.036, de 11 de maio de 1990, passa a vigorar acrescido do seguinte inciso I-A:	
"Art. 20. [...]	
I-A — extinção do contrato de trabalho prevista no art. 484-A da Consolidação das Leis do Trabalho (CLT), aprovada pelo Decreto-Lei n. 5.452, de 1º de maio de 1943;	
[...]." (NR)	
Art. 4º O art. 28 da Lei n. 8.212, de 24 de julho de 1991, passa a vigorar com as seguintes alterações:	
"Art. 28. [...]	
[...]	
§ 8º (Revogado).	
a) (revogada);	
[...]	
§ 9º [...]	
[...]	

h) as diárias para viagens;	
[...]	
q) o valor relativo à assistência prestada por serviço médico ou odontológico, próprio da empresa ou por ela conveniado, inclusive o reembolso de despesas com medicamentos, óculos, aparelhos ortopédicos, próteses, órteses, despesas médico-hospitalares e outras similares;	
[...]	
z) os prêmios e os abonos.	
[...]." (NR)	
Art. 5º Revogam-se:	
I — os seguintes dispositivos da Consolidação das Leis do Trabalho (CLT), aprovada pelo Decreto-Lei n. 5.452, de 1º de maio de 1943:	
a) § 3º do art. 58;	
b) § 4º do art. 59;	
c) art. 84;	
d) art. 86;	
e) art. 130-A;	
f) § 2º do art. 134;	
g) § 3º do art. 143;	
h) parágrafo único do art. 372;	
i) art. 384;	
j) §§ 1º, 3º e 7º do art. 477;	
k) art. 601;	
l) art. 604;	
m) art. 792;	
n) parágrafo único do art. 878;	
o) §§ 3º, 4º, 5º e 6º do art. 896;	
p) § 5º do art. 899;	

II — a alínea *a* do § 8º do art. 28 da Lei n. 8.212, de 24 de julho de 1991;	
III — o art. 2º da Medida Provisória n. 2.226, de 4 de setembro de 2001.	
Art. 6º Esta Lei entra em vigor após decorridos cento e vinte dias de sua publicação oficial.	Art. 4º Esta Medida Provisória entra em vigor na data de sua publicação.